KB075340

정책평가개혁론

바른 정책은 바른 평가에서

정책평가개혁론

초판 1쇄 발행 2023년 03월 13일
초판 2쇄 발행 2023년 03월 27일

지은이 안종범
펴낸이 류태연

기획 정책평가연구원

펴낸곳 렛츠북
주소 서울시 마포구 양화로11길 42, 3층(서교동)
등록 2015년 05월 15일 제2018-000065호
전화 070-4786-4823 | **팩스** 070-7610-2823
이메일 letsbook2@naver.com | **홈페이지** http://www.letsbook21.co.kr
블로그 https://blog.naver.com/letsbook2 | **인스타그램** @letsbook2

ISBN 979-11-6054-617-0 13300

PERI 정책 시리즈 #2 정책평가개혁

정책평가개혁론
바른 정책은 바른 평가에서

안종범 지음

 정책평가연구원
Policy Evaluation Research Institute

| 차례 |

I. 서론

II. 시장-정책-정부의 성공은 사전·사후평가가 좌우한다

III. 정책평가 실패의 악순환

IV. ICT산업 발전과 정책평가 인프라의 변천과정

V. 평가 인프라 구축방안 1: 데이터 인프라 구축

VI. 평가 인프라 구축방안 2: 평가방법 개발

IX. 결론

I. 서론

올바른 평가는 정책의 성공을 뒷받침한다

정책은 정부가 국민을 대상으로 펼 수 있는 최선의 행동이다. 궁극적으로는 정책을 통해 한 국가, 한 시점에서 국민 행복 수준이 결정된다.

'책(策)'이란 글자는 '채찍' 또는 '계책'이라는 뜻을 가진다. '대나무 죽(竹)' 자와 '가시 자(束)' 자가 결합한 모습으로, 원래 의미는 '대나무로 만든 채찍'을 뜻했다. 후에 말을 달려 승리하기 위해서는 계책이 필요하다는 의미가 확대되어 '꾀하다', '기획하다'라는 뜻을 갖게 되었다. 그런 의미에서 보자면 정책이란 원래 채찍을 맞아가며 만들어내야 하고 사후에도 공정한 평가가 뒤따라야 함을 깨닫게 된다.

한국은 그동안 어떠하였는가? 여러 위기 상황에 대처하

는 정책에 대한 사전·사후평가는 과연 적절히 이루어졌는 가? 이에 대한 답은 '전혀 그렇지 못하다'는 판단에서부터 이 글을 시작한다. 그동안 우리 사회에서 많은 논란을 거친 정책 또는 위기에 직면했을 때 만든 정책의 경우 사전·사후평가가 아예 없었거나 잘못 평가되었던 적이 많았다.

이는 정책평가가 올바르지 않았기 때문이다. '올바르다' 는 말을 우리 말로 표현하면 정확한 개념을 찾기 쉽지 않다. 하지만 영어 사전적 표현을 살펴보면 정확하다(Right, Correct, Accurate), 적절하다(Proper), 기울지 않고 꼿꼿하다 (Upright) 등을 뜻하는 말이 되고 심지어 도덕적으로 옳다는 의미도 포함하게 된다. 우리 정책에 대한 평가가 왜 그동안 올바르지 못했는지를 사전적으로도 이미 알 수 있게 되는 것이다.

좀 더 세부적으로 이야기를 시작해보자. 2000년에 시행된 의약분업과 국민기초생활보장제도의 사전평가가 제대로 이루어졌는지는 차치하더라도 20년이 지난 현재, 이를 근거로 이들 정책에 대한 사후평가가 있었는지 의문이다.

그 외에도 금융소득종합과세의 시행(1996년)과 유보(1998

년) 그리고 재실시(2001년), 근로장려세제 도입(2008년), 기초연금 도입(2013년), 4대강 사업(2008년), 탈원전(2017년) 등의 사전·사후평가가 어떻게 이루어졌는지 그리고 이를 기초로 그 성패를 어떻게 판단할 수 있는지도 의문이다.

정책은 정부가 가진 가장 중요한 책무이다. 그리고 정책의 성패에 따라 정부의 성패가 결정되고 나아가 국민과 국가의 운명이 정해진다. 이처럼 중차대한 정책이 어떻게 고안되고, 준비되고, 결정되어 시행되는지에 대한 고찰은 정책의 성패에 필수적이다. 특히, 정책이 결정되기 전까지 단계에서의 평가와 시행되고 난 뒤의 평가, 즉 사전평가와 사후평가가 정확하고 적절하며 객관적으로 이루어지도록 하는 것이 핵심이다. 이러한 정책의 평가를 통해서 정책의 성공과 실패의 원인을 올바르게 판단하고 향후 개선 방향을 모색할 수 있기 때문이다.

그런데 정책평가가 사전적으로 그리고 사후적으로 적절히 이루어지고 있느냐는 문제는 국가에 따라 그리고 상황에 따라 다르다고 할 수 있다. 일단 '해놓고 보자'식으로 무작정 시행한 정책, 다시 말해 제대로 된 사전평가 없이 시행된 정책은 실패할 가능성이 무척 크다. 그러나 이를 인식조차 못 하는 경우가 무수히 많다. 또한, 정책시행 후 이에 대한 성과를 제대로 파악하지 못한 채 실패를 반복하거나 더 나은 개선의 여지를 살릴 의지조차 없는 국가와 사례도 많다.

이 글에서는 우리 사회의 정책평가 문제를 분석해보고, 이를 해결하기 위한 과제를 도출함으로써 최선의 정책평가체제를 구축하는 방안을 마련하고자 한다.

우선 1장에서는 정책발생의 근거로서 시장실패와 정부실패에 대한 이론적·선험적 고찰을 한 뒤, 2장에서는 정책평가의 실패사례와 문제점을 분석한다. 3장에서 7장까지는 현 상황에서 최선의 정책평가체제 개선을 위한 평가방법론 및 개혁방안들을 도출한다.

이 책은 정책평가연구원(PERI) 정책 시리즈 두 번째 기획물이다. 첫 번째 시리즈인『정치에 속고 세금에 울고: 세금 포퓰리즘 11가지 대책』에 이어 내놓는 것이다. 우리 국민이 포퓰리즘에 피해를 보는 것을 막고자 세금개혁에 이어 정책평가개혁을 힘차게 외치는 것이다. 독자 여러분의 관심과 동참을 기대한다.

그리고 이 책은 2023년 6월 20~21일에 개최되는 정책평가 세계 심포지엄의 기본발제 자료가 될 것이다. 정책연구의 세계적 석학을 초빙해서 열리는 심포지엄은 세계적 정책연구기관들과 정책평가기법의 발전이 정책발전에 어떻게 이바지했는지 알려줄 것이고, 이를 기초로 한국 정책발전을 위한 제언을 듣는 귀중한 기회가 될 것이다. 이 또한 정책연구자와 정책담당자, 나아가 국민들의 참여가 기대된다.

II.
시장-정책-정부의 성공은
사전·사후평가가 좌우한다

1. 시장실패를 극복하기 위한 차선의 정책

시장이 제 기능을 하지 못하는 상황을 시장실패라고 한다. 시장에서 결정된 가격이 수요와 공급의 균형을 달성하지 못하거나 특정 기업들에게 과도한 이익이 돌아가게 되는 등의 문제가 생길 때 우리는 시장이 실패했다고 말한다.

이러한 시장실패의 원인은 다양하다. 외부성(Externality)과 같이 환경오염 등의 문제 때문에 사회적으로 바람직한 수준보다 과도하게 상품이 공급되는 문제가 대표적인 원인이다. 또한, 독과점에 따라 바람직한 수준보다 높은 가격으로 적은 양이 공급되기 때문이기도 하다. 결국, 시장에서 결정된 가격이 바람직한 상품의 수량만큼 시장에서 유통되지 못하게 왜곡(Distortion)을 일으키게 되는 시장실패가 발생하는 것이다. 때론 시장 자체의 형성을 어렵게 하는 상황을 시장실패라 일컫기도 한다.

이러한 시장실패가 발생하면 어떻게 해야 하나? 우선 시장실패에 따라 정부가 개입해야 하는지, 개입한다면 어떻게 할 것인지를 판단해야 한다. 물론 시장이 실패한다고 반드시 정부가 개입해야 하는 것은 아니다. 실패한 시장에 정부가 개입해서 적용한 정책이 오히려 나쁜 결과를 가져올 수도 있기 때문이다. 과연 시장실패에 따라 개입한 정부의 정책이 최선의 정책(First-Best Policy)이 될 수 있을까?

경제이론에서는 정부가 시장실패에 적용하는 정책이 자원배분의 왜곡을 완벽히 해소하는 최선의 정책이 될 수 없다는 것이 증명되었다. 시장에서 왜곡된 가격체제를 완벽히 복구하지 못한 상태에서 적용되기 때문에 이러한 정부의 정책에 의해서도 원래 상황으로 회복이 어렵다는 것이다.

효율적인 자원배분 상태가 깨진 상황에서는 정부의 충격을 위한 개입이 전혀 바람직하지 않다. 즉 전반적인 개혁이 부분적인 처방(Piecemeal approach)보다 낫다는 것이다. 따라서 시장실패에 따라 자원배분의 변화가 발생한 상황에서는 전혀 새로운 최적(파레토 최적: Pareto Optimal)의 정책수단을 찾아야 한다는 것이다. 바로 이 정책을 차선의 정책(Second-Best Policy)이라고 한다.[1] 이는 부분적인 정부대응으로서는 한계가 있고 전반적인 새로운 정책처방 또는 개혁이 필요하다는 점을 시사한다.

차선의 정책에 대한 이론은 루카스의 비판(Lucas Critique)을 통해서도 확인할 수 있다.[2] 1976년 루카스는 정책을 적용하는 순간, 정책개입을 통해 원래 얻고자 하는 목표치를 달성하는 것이 불가능해진다는 것을 보였다.[3] 정부가 정책을 통해 시장에 개입할 경우, 이미 시장실패가 발생하기 전 상황에서의 가격체계 달성이 힘들다는 것이 차선의 정책을 찾는 시작이라 할 수 있다.

---

1   R. G. Lipsey and K. Lancaster, "The General Theory of Second Best," Review of Economic Studies, Vol. 24, No. 1, 1956, pp. 11-32 참조.

2   Lucas, R.E. (1976) "Econometric Policy Evaluation: A Critique", In: Brunner, K. and Meltzer, A.H., Eds., The Phillips Curve and Labour Markets, Chicago University Press, Chicago, 19-46.

3   위키백과에서의 설명 중 일부 참조 "-이런 루카스의 판단에는 현재의 경제상태를 가정한 경제정책이 사람들의 미래 정책에 대한 예측을 달리하고 결국엔 결정(Decision rule)을 달리할 것이므로 무력하다는 루카스의 생각이 전제되어 있다. 루카스는 국가가 정책을 수립하면 사람들은 그 정책에 따라 예측을 다르게 하고 그 예측에 따른 대처 또한 바뀌는데, 이는 정책을 무력하게 한다고 생각하여 화폐 발행을 방만하게 운영할수록 화폐정책은 점차 그 효과를 잃을 것이라고 주장했다.(https://ko.wikipedia.org/wiki/루카스_비판)

차선의 정책이나 루카스 비판이나 그만큼 정부가 정책을 통해 개입하는 데는 한계가 뚜렷하므로 더욱 신중히 개입해야 한다는 점을 시사한다. 이에 앞서 정책을 통한 성과를 사전에 철저히 예측하여 이를 기초로 정책에 적용한 후 나타나는 결과를 과학적으로 평가하는 것이 필요하다.

정책을 통해 최선의 결과를 보장하지는 못하더라도 차선의 결과를 도출하기 위해 최대한 신중하고 엄밀하게 정책을 디자인하고 시행한 뒤, 이를 평가하는 것이 필요하다는 말이다.

이처럼 이론적으로 그리고 경험적으로 정책의 성과가 최선이 될 수 없다는 사실을 인식한 상태에서 우리가 시도해야 하는 정책은 정책의 실패를 막으면서 정책의 성과를 극대화하는 방안을 모색해야 한다. 또한, 정부가 실패한 시장에 개입하기 위한 정책수단을 어떻게 사용하는 것이 바람직한지에 대해서도 신중한 결정이 필요할 것이다.

2. 정책의 실패와 그 원인

정책은 국가가 성립된 이래 국가를 운영해온 주체들의 수많은 통치 수단을 말한다. 사실, 그 주체가 군주이던 시절 이후 이러한 정책은 계속되었고, 19세기 이후 근현대에 와서는 좀 더 복잡한 형태로 정책이 만들어지고 집행되었다. 정책의 결정과정에 있어서 의회에서의 법안 통과 과정이 포함된 이후, 행정부와 입법부 간의 정책 입안 과정에서의 역할분담이 중요해졌다. 이는 정책시행에 이르는 시간이 더 길어졌고 복잡해졌다는 것을 의미하는 것이다. 한편으로는 정책에 대한 사전·사후 점검이 더욱 신중하게 진행된다는 뜻이다.

1930년대에는 대공황에 따른 정책의 방향과 정책수단이 대표적으로 주목받게 됨으로써 위기 상황에서 정부의 역할에 대한 논쟁이 본격적으로 시작되었다. 정부개입, 특히 재정을 통한 총수요정책의 필요성을 주장한 '케인스학파'와 정부개입의 불필요성을 기초로 하는 '통화주의학파' 간의 긴 논쟁이 시작되었다. 이러한 논쟁과정에서 학파 간 차별화되는 정책의 방향에 입각한 수많은 정책수단이 시도 및 평가되었다.

이처럼 위기 상황에 대처하는 정책에 대한 논쟁은 끊임없이 계속됐다. 그렇지만 정책에 대한 성패를 분석하는 것은 학파 간의 논쟁을 벗어나는 영역이다. 정책의 저변에 있는 이념적 차별성과는 상관없이, 특정 정파나 이해집단과 관계없이 더 객관적인 자료와 과학적인 분석을 통해 정책평가가 이루어져야 하기 때문이다.

정책실패의 원인은 정책수요를 잘못 파악한 것에서부터 출발해서 올바른 정책수요 판단하에서도 이루어지는 정책수단상 오류에 이르기까지 실로 다양하다. 아울러 정책의 시차(Time lag)가 존재하여 정책의 성과가 제때 실현되지 못하는 경우도 발생한다. 이 때문에 정책평가의 시점도 대단히 중요한 것이다.

정책의 시차를 감안하지 않는 경우, '냉탕 온탕'식 정책으로 빗대어 표현한 미국의 유명한 경제학자이자 1976년 노벨경제학상 수상자였던 밀턴 프리드먼의 '샤워장의 바보(Fool in the shower room)'를 되새겨봐야 한다. 이는 섣부른 정부의 정책을 샤워장에서 물이 뜨겁다고 찬물을 틀고, 차갑다고 뜨거운 물을 트는 걸 반복하는 바보 같은 모습에 빗댄 말이다.

정부실패(Government Failure)에는 두 가지 상황이 있다. 첫째, 정부개입이 필요한 경우가 아닌 시장실패 상황인데도 정부가 개입해 실패하는 경우이다. 둘째, 시장실패에 따라 정부개입이 필요한 상황에서 개입했지만 잘못된 정책으로 실패한 경우이다.

여기서 후자에 해당하는 정부실패 상황을 '정책실패 (Policy Failure)'라고 한다. 본 책에서는 이러한 정책실패에 대해 주로 논의해보고자 한다.

끊임없이 이루어지는 정책의 성공과 실패를 평가해서 최종 판단을 하는 것은 정부의 또 다른 중요한 책무이다. 따라서 정책이 어떻게 성공하고 실패하였는가를 제대로 살펴보는 것이 중요하다. 정책이 만들어진 당시의 필요성, 즉 정책수요에 그 정책이 얼마나 부합하는가를 평가하는 과정이 중요한 것이다.

이처럼 다양한 정책실패의 원인을 분석하여 이를 감안한 정책의 입안과 시행에 적용할 필요가 있다. 정책실패를 반복하지 않기 위해서도 많은 정책의 성공과 실패 사례를 분석해 이를 기초로 한 정책입안과 시행이 중요할 것이다.

3. 정책의 성공·실패 사례로 살펴보는
사전·사후평가의 필요성

정책이 모이면 제도가 되고, 제도에 따라 한 국가의 성공과 실패가 결정된다. 노벨경제학상 수상자인 더글러스 노스는 「제도, 제도변화, 경제적 성과」에서 "제도는 교환과 생산에 따르는 비용에 영향을 미침으로써 경제적 성과에 영향을 미친다"라고 주장했다.[4] 이를 기초로 대런 애쓰모글루와 제임스 A. 로빈슨은 『국가는 왜 실패하는가』에서 착취적 정치·경제제도가 국가를 실패로 유도하며, 포용적 정치·경제제도는 국가를 성공으로 이끈다는 주장을 여러 국가의 사례를 통해 분석했다.[5]

이처럼 한 국가의 성공과 실패를 결정짓는 제도는 여러 정책들로 구성되는데, 이러한 정책들의 성공과 실패 사례에 대한 구체적인 분석이 중요하다. 한 국가의 제도하에서 이루어진 정책들이 시대 상황과 제도에 걸맞게 만들어졌

---

4   더글러스 노스, 「Institution, Institutional Change and Economic Performance」, 1990, p5.

5   대런 애쓰모글루, 제임스 A. 로빈슨, 『국가는 왜 실패하는가』, 최완규 역, 시공사, 2012.9.27., Daron Acemoglu and James A. Robinson, Why Nations Fail, 2012.

는지, 또한 집행되었는지를 평가하는 작업이 중요하다는 것이다.

따라서 여러 국가에서 대표적으로 성공했던 정책들과 실패했던 정책의 사례를 우리의 사례와 비교·분석하는 것은 의미가 있을 것이다. 우리가 처해 있는 정치·경제·사회 제도 아래에서 정책들이 얼마나 국가의 발전과 국민의 행복에 이바지했는지 해당 사례들을 분석해보자.

필자는 정책성공의 사례로 우선 미국의 1996년 복지개혁(Welfare reform) 정책을 살펴보고자 한다. 클린턴 행정부가 단행한 복지개혁의 핵심은 1996년 의회 통과 후 1997년에 시행된 PRWORA(The Personal Responsibility and Work Opportunity Reconciliation Act- Public Law 104-193)법에 따라, AFDC(Aids to the Families with Dependent Children)를 TANF(Temporary Assistance for Needy Family)로 전환한 것이었다. 이러한 정책변화는 클린턴 행정부가 갑자기 시도한 것이 아니라, 오랜 기간 AFDC의 문제점을 인식하고 이를 해결하는 방안을 모색한 후에 단행한 것이었다.

1960년대부터 저소득 홀부모(혹은 미혼모) 가정을 위한

AFDC는 자녀 부양 여부와 소득 기준 등의 지원 조건만 충족하면 현금을 기간의 제한 없이 지급하는 제도였다. 하지만 여러 연구를 통해 AFDC가 미혼모를 양산하고, 대를 이은 복지의존성(Welfare dependency)을 야기하며, 나아가 일하고자 하는 의욕을 저하한다는 문제가 지적됐다. 이러한 문제를 해결하기 위해 여러 대안을 몇 개 주 정부가 시도하기도 했었다.

결국, TANF를 통해 지원을 받기 위해서는 충분한 구직 활동을 하고 있음을 증명해야 하고, 지원받을 수 있는 기간을 한정함으로써 미혼모 확대와 일하고자 하는 의욕 저하 문제를 보완하는 새로운 저소득 홀부모 가정 보호 대책을 마련했다.

이 정책이 성공을 거두었다고 평가받는 것은 기대했던 성과가 정책사후평가 분석결과를 통해 입증되었기 때문이다. 클린턴 정부가 복지개혁을 단행하기 10년 전부터 이에 대한 사전평가가 이루어졌고, 이 개혁이 단행된 이후에도 10년 이상 사후평가위원회가 구성되어 치밀하고 과학적인 평가작업이 이루어졌다. 다시 말해서 1996년 TANF 도입의 성공은 미국의 오래된 정책 사전·사후평가 노력이 이를 이루어냈다고 할 수 있다.

또 하나의 대표적인 정책성공 사례로는 1980년대 미국에서 도입한 EITC(Earned Income Tax Credit)제도를 꼽을 수 있다. 노벨경제학상 수상자인 밀턴 프리드먼이 1970년대 이른바 음(-)의 소득세(NIT: Negative Income Tax)를 제안하면서, 여러 현금성 복지제도의 행정상 복잡함과 비용을 해결하고자 일정 소득수준 이하 저소득층에 일괄적으로 소득과 빈곤선과의 차액만큼을 지급하는 방안을 내놓았다.

미국 정부는 이를 본격적으로 사전평가하면서 사회적 실험(Social Experiment)을 단행했다. 그 결과, 상당 수준 근로의욕 저하 효과가 있다는 것이 밝혀졌다. 소득이 늘어날수록 지원금이 비례해서 줄어드는 구조로, 일을 해도 소득의 증가가 없기 때문에 일을 하는 것은 오히려 손해로 일할 유인을 전혀 제고하지 못하는 제도라는 것이다. 이로부터 새로운 개선책으로, 즉 일정 소득 구간까지는 더 일해서 소득이 증가하면 점진적으로 현금혜택이 늘어나는 장치를 고안했다. 이것이 바로 EITC의 골자가 되었다. 이렇게 도입된 EITC는 30여 년 동안 미국의 현금복지의 핵심역할을 해오고 있다. 아울러 EITC가 시행된 이후 지금까지 계속 사후평가가 이루어지고 있다. 이로부터 결국 정책의 성공을 이끌어내기 위해서는 사전·사후평가 작업이 반드시 뒷받침되어야 한다는 교훈을 얻을 수 있다.

우리의 경우, EITC와 유사한 근로장려세제도 도입된 이후 지속적으로 제도를 확대하고 정비가 이루어져 왔다. 하지만 이러한 변화가 엄밀한 정책평가를 근거로 한 제도 개선의 일환이었는지, 아니면 정치적 이유에서 지급 대상과 금액을 확대하는 차원에 집중한 제도 정비인지 미국의 제도 정비와 비교해볼 필요가 있다.

이번에는 한국의 정책실패 사례를 살펴보자. 〈표 1〉은 역대 정부에서 중점적으로 추진된 정책들과 이들 정책의 사전·사후평가 여부 그리고 성공·실패 여부를 정리한 것이다.

〈표 1〉 한국 역대 정부별 정책 및 사전·사후평가

	정책	실시 연도	완료·폐지	사전 평가 (△는 일부 평가)	사후 평가	성공 실패 (○ 성공 × 실패 △ 미정)
박정희 정부	부가가치세 도입	1977		×	△	○
	의료보험 도입	1977		×	△	○
	국민연금 도입	1988		×	△	○
전두환 정부	산아제한 정책	1980~ 1988		△ △	× ×	△ △
노태우 정부	토지초과 이득세	1990	1998 (1994 헌법불합치 결정)	×	△	×
	총액임금제도	1992		×	×	×
김영삼 정부	금융실명제	1993.8.12		△	×	△
	금융소득 종합과세	1996 실시 2001 재실시	1998 ~2000 유보	△	×	△
김대중 정부	국민기초생활 보장제도	2000.10		×	×	△
	의약분업	2000.8		×	×	△
노무현 정부	근로장려세제	2008		△	△	△
이명박 정부	4대강 사업	2009 착수	2013 완료	×	△	△
박근혜 정부	기초연금제도	2014.7		△	△	○
문재인 정부	부동산대책	2017		×	×	×

1980년대 전두환 정부는 오랜 기간 산아제한 정책 이후 인구감소가 예측될 정도로 출산율이 충분히 떨어졌음에도 불구하고 산아제한 정책을 계속 유지했다. 당시에는 '우리나라 인구가 1,000만 명이라면, 미국처럼 살 수 있다'는 주장이 대세였다. 이러한 주장에 따라 정부가 산아를 축소하는 정책을 시행하는 것이 적절한지 여부에 대한 사전평가도 없었고, 제도가 시행된 이후 적절한 평가가 이루어지지 않아 적절한 시기에 정책이 마무리되지 못하면서 결국 1996년이 되어서야 산아제한 정책이 폐지되었지만, 저출산 악순환의 고리를 제공하게 된 계기가 되었다.

노태우 정부는 과도한 임금인상을 통한 물가인상 압력을 줄이기 위해 총액임금제를 시행했다. 총액임금제는 노동부가 1992년 '임금교섭지도지침'을 통해 발표한 임금정책으로, 근로자가 1년간 고정적으로 받는 기본급과 각종 수당, 상여금 등을 합산하여 12로 나눈 액수를 기준으로 임금인상률을 결정하는 제도이다. 그러나 이는 임금인상을 정부가 제한하기 위해 임금을 정의하고 시장에 개입함에 따라 시장이 그 대안을 마련하는 방식으로 왜곡이 발생하는 결과를 초래했다.

그 결과, 민간 기업에서는 노사합의에 의해 임금대장에 없는 각종 수당 등을 만드는 사례가 등장하게 되었다. 중세 시대 세수 확보를 위해 창문의 개수에 따라 세금을 부과하는 창문세를 도입하자 창문을 막거나 창문이 없는 집을 지어 세수 확보라는 목적도 달성하지 못하고 국민들의 생활수준은 낮아지는 왜곡이 발생한 것과 유사하다고 할 수 있다.

하지만 최근까지도 분양가상한제와 같이 정부가 직접 가격을 제한하려는 정책들이 시행되고 있다는 것도 여전히 정책에 대한 평가가 적절하게 이루어지지 않는다는 것을 보여준다.

김대중 정부의 정책실패 사례로는 국민기초생활보장제도와 의약분업(의료 역할 분담제도)을 꼽을 수 있다. 국민기초생활보장제도는 1961년부터 시행된 생활보호제도를 대신하는 복지정책으로, 생계, 주거, 교육, 의료 등의 급여를 최저생계비 미만의 가구에 제공하는 제도였다.

비슷한 시기에 의약분업도 전격 실시했다. 이는 선진국의 5~7배에 이르는 약물(항생제 등)의 오남용을 줄인다는 취지로, 진료는 의사가 맡고 약은 약사가 조제하도록 하는 것이 골자였다.

그러나 이 두 가지 정책 모두 사전·사후평가가 제대로 이루어지지 않은 채 실시하고 추진했다. 그 결과, 기초생활보호제도는 지원이 필요한 사람을 찾아내지 못하고, 정작 지원이 없어도 될 사람에게 두터운 지원이 이루어졌고, 의약분업은 여전히 의사가 과도한 항생제를 처방함에 따라 정책목표를 충분히 달성하지 못했지만 대안 정책 모색도 없는 상황이다.

정책의 안착화 과정에 시기적으로 정부가 잘못 개입함에 따라 실패한 사례도 있다. 김영삼 정부는 전격적으로 금융실명제를 시행한 이후 금융소득종합과세를 부과함으로써 개혁적인 정책 성과를 이루어냈다. 그러나 외환위기 이후 출범한 김대중 정부에서는 1998년에 금융소득종합과세를 유보하는 잘못을 저질렀다. 금융소득종합과세는 금융실명제의 후속 조치로, 이자와 배당소득을 20%로 분리과세하던 것을 기존 소득에 합산하여 4,000만 원 초과분은 종합과세하고, 4,000만 원까지는 15%로 분리과세하는 것이었다. 이는 소득과세의 형평성 차원에서 적절한 조치였다고 평가되었다.

하지만 당시 외환위기가 발생하고, 김영삼 정부의 여러 정책이 비판의 대상이 되면서, 금융소득종합과세에 대해서도 금융시장을 위축시켰다는 지적 등이 언론을 통해 부각되었다. 일부 언론에서는 여론조사를 통해 금융소득종합과세 폐지를 찬성하는 국민 여론이 80%에 달한다는 보도까지 나왔다. 결국, 금융소득종합과세는 폐지되었고 이자와 배당소득은 다시 분리과세하게 되었다. 또한, 분리과세 세율은 20%가 아닌 15%로 인하되었다.

3년 후 다시 시행되었지만, 이 기간 동안 소득 및 자산의 불공평성이 크게 높아졌다는 비난을 면키 힘들었다. 외환위기로 이자율이 25%까지 치솟았던 상황이었는데, 이에 대한 세금마저 분리과세로 대폭 경감되면서 고액 금융자산가들이 얻게 된 이득은 막대한 것이었다. 이처럼 금융소득종합과세의 유보는 한국 정부가 시행한 수많은 정책 중에서 가장 대표적인 실패사례라고 할 수 있다.

한국에서의 정책실패 사례가 유독 많은 이유는 제대로 된 사전평가 없이 시도되었고, 시행 후 사후평가가 적절히 이루어지지 않은 채 변화시키거나 폐기했기 때문이다. 특히, 정부가 바뀔 때마다 이전 정부의 정책들을 중단시키거나 변형시키고 새로운 정책을 사전평가 없이 시도함에 따른 악순환이 반복되고 있다.

따라서 제대로 된 분석과 평가 없이 즉흥적이고도 여론에 편승한 정책의 시도나 정책 변화가 갖고 온 엄청난 결과를 통해, 우리는 정책에 대한 엄정한 평가의 중요성을 새롭게 인식할 필요가 있다. 나아가 정책의 성공은 정책의 사전·사후평가가 완벽하게 이루어졌을 때 가능했다는 점에서 역대 정부별 정책들의 사전·사후평가 여부 등을 되짚어볼 필요가 있다.

Ⅲ.
정책평가 실패의 악순환

한국에서의 정책실패는 사실상 정책평가의 부재 혹은 정책평가 실패로부터 발생했다고 해도 지나친 말이 아니다. 그동안 정책에 대한 사전·사후평가 없이 시작되고 다시 반복되는 정책이 많았기 때문이다. 정부가 실패할 수밖에 없는 정책을 시도하고, 실패했다는 사실조차 모른 채 지속하는 과정에서 그 피해는 고스란히 국민에게 돌아갔다.

그렇다면 그 원인은 무엇일까? 그동안 왜 정책평가가 제대로 이루어지지 않았는지, 무엇이 잘못되었는지를 구체적으로 살펴보자.

1. 수요로부터 시작되는 정책과정

정책은 정책수요가 생기면서 시작된다. 정책수요는 국

민에게서 나오는 것이고, 이를 제대로 인식하는 책임은 오롯이 정부에게 있다. 따라서 정부는 여러 경로를 통해 상시적으로 정책수요를 파악하고, 이를 정책과정(Policy process)의 출발점으로 삼아야 한다.

정책수요에서 출발하는 정책과정은 크게 정책결정, 정책집행, 정책평가의 세 단계로 구분된다. 이를 좀 더 구체적으로 살펴보면 정책의 입안, 사전평가, 법안마련, 공청회, 국회 법안제출, 국회 심의, 국회 의결, 정부 집행, 사후평가, 환류체제(Feedback system)를 통한 수정안 마련 등으로 이루어진다. 이외에도 단순한 '시행규정의 변경'과 같은 과정이나 정부 홍보 강화 혹은 정책정보 확충 등과 같은 국민에게 정책정보를 원활히 전달하는 과정도 모두 정책과정이라 할 수 있다.

아울러 정책과정의 대표적인 형태가 정책이 법안화되는 과정이라고 보면, 우리는 정책의 사전·사후평가가 행정부뿐만 아니라 입법부에서도 필요하다는 점에 주목해야 한다. 그렇기에 입법부의 책임은 아무리 강조해도 지나치지 않을 것이다.

2. 정책평가의 흐름 그리고 문제의식

우리나라에서 정책이나 사업이 추진되는 과정은 대체로 다음과 같다.

첫째, 어떤 현상이 사회적 문제로 국민에게 인식된다. 청년실업, 저출산, 분배악화, 지역 간 불균형 등이 그러한 예이다. 이러한 문제는 국민이 스스로 인식하게 될 수도 있지만, 언론, 행정부, 정치권에서 문제를 제기해 국민이 인식하게 될 수도 있다. 또한, 학계에서도 문제를 제기할 수 있다.

둘째, 어떤 경로로든 국민이 사회적 문제를 인식하게 되면 이러한 문제의 해결을 정부에 요구하게 된다. 이 단계에서 국민은 정부가 문제해결 능력이 없다는 것을 모르고 해결을 요구하기도 한다. 또한, 정부가 해결할 것이 아니라 민간 경제주체가 스스로 해결할 문제인데도 정부에 해결을 요구하기도 한다. 사실 이러한 요구의 적정성은 학계나 언론에서 검증해야 한다. 그러나 우리나라의 학계나 언론은 그런 능력이 충분치 않다. 이는 국회에서도 충분한 논의가 이루어져야 하지만, 정치권은 국민의 섣부른 요구를 득

표의 기회로 삼아 오히려 증폭시키기도 한다. 결국, 적절한 여과과정 없이 국민의 요구가 정부에 전달되기 일쑤다.

셋째, 이러한 요구를 받은 정부는 사회적 문제를 해결하기 위한 대책을 수립한다. 이 단계에서 정부는 종종 너무 성급하게 대책을 수립하기도 한다. 과거 유사한 정책을 폈던 경험이나 해외 사례를 깊이 분석하거나 데이터를 기반으로 과학적인 분석을 하지 않고 성급히 대책을 수립한다. 대책은 흔히 금융, 세제, 재정지출 등 온갖 정책수단을 백화점식으로 나열하는 형태를 띤다. 또한, 사후적으로 대책의 성과나 실패를 판단할 기준도 마련하지 않고 추진한다.

정부에 대한 비판을 피하기 위해 그리고 정치권의 무리한 요구를 수용하기 위해 정책을 부실하게 신속하게 설계하여 추진하는 것이다. 이처럼 성급하게 대책을 수립·추진하는 것은 종종 정치적 필요성 때문이기도 하다.

이처럼 성급한 정책수립을 통제하기 위한 장치로는 예비타당성 조사, 세제발전심의위원회, 규제영향분석 등이 있다. 예비타당성 조사는 당초 대규모 건설사업을 대상으로 도입되었으나 지금은 연구개발(R&D)사업과 복지사업에도 적용되고 있다. 이들 사업 가운데 일정 규모 이상에 대해서는 다음과 같은 절차로 사업이 진행된다. 즉 해당 부처 조사 → 예비타당성 조사 → 정부 예산안 반영 → 국회 예산심의 및 통과(예결위 및 본회의) → 해당 부처 시행의 절차를 거친다.

〈그림 1〉 예산소요 정책(사업) 과정

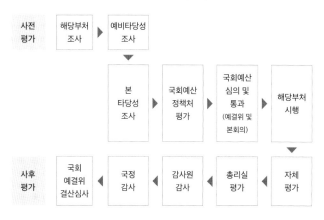

세제개편안은 다음의 순서로 심의 및 확정된다. 즉 해당 부처 제안, 민간단체 등 요청, 기획재정부 자체 발굴 → 기획재정부 세법개정안 → 세제발전심의위원회 → (조세지출 법안일 경우 조세재정연구원 평가) → 국회 기획재정위 심의 → 국회 예산 심의 → 세법시행의 순서로 진행된다. 마지막으로 규제영향 분석의 경우 해당 부처 제안 → 자체 규제영향 분석 → 한국개발연구원 및 행정연구원 분석 → 규제개혁심의위원회 심의의 순서로 진행된다.

〈그림 2〉 조세정책과정

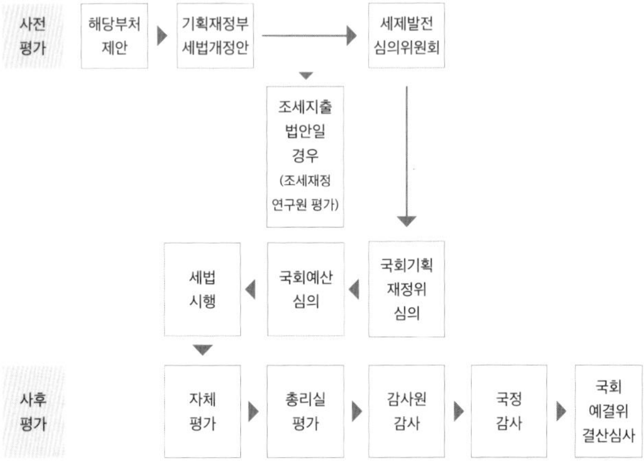

사전
평가

해당부처
제안

기획재정부
세법개정안

세제발전
심의위원회

조세지출
법안일
경우
(조세재정
연구원 평가)

세법
시행

국회예산
심의

국회기획
재정위
심의

사후
평가

자체
평가

총리실
평가

감사원
감사

국정
감사

국회
예결위
결산심사

미국에서는 사전평가와 사후평가를 담당하는 주요 기관으로 각각 의회예산처(CBO: Congressional Budget Office)와 예산감사원(GAO: Government Accountability Office)을 운영하고 있는데, 그 영향력이 막대하다. 입법부 산하기관이자 사전평가기관인 CBO는 예산과 경제 관련 연구조사 정보를 제공한다. 1974년 창설된 CBO는 의회의 세입추정과 국가부채에 대한 영향과 입법에 대한 비용추정을 주된 연구업무로 하고 있다.

사후평가기관인 GAO는 의회에 감사, 평가 및 조사 서비스를 제공한다. 1921년 설립된 GAO는 연방기관에 대해 예산집행에 따르는 회계감사를 하여 의회에 보고하는 역할을 하고 있다. 아울러 의회의 각종 위원회 또는 분과 위원회의 요청에 따라 수행되거나 감사관의 권한 내에서 연구를 수행한다.

그런데 한국의 정책과정에서는 여러 통제장치에도 불구하고, 비용 대비 국민경제적 효과가 낮은 정책과 사업을 계속 양산하고 있다. 모든 정책에 이런 절차를 적용하기는 사실상 불가능하기 때문이기도 하지만, 사전·사후평가가 제대로 이루어지고 있지 않기 때문에 무분별한 정책사업이 남발되고 있는 것이다.

사후적 통제장치인 기획재정부의 자율평가 및 심층평가, 감사원 감사, 국회 결산 등과 더불어 사안에 따라 언론의 탐사보도, 국회 예산정책처, 연구기관, 학계 등의 사업평가가 시행되지 않는 것은 아니지만, 이들 장치가 제대로 작동하지 않아 '정책실패의 악순환'이 반복되곤 했다.

그 결과, 많은 정책은 기대했던 것처럼 사회적 문제를 해결하지 못하고, 결과적으로 뚜렷한 성과 없이 국가자원을 소비하는 결과만 낳았다. 예산은 증가하고 조세부담도 증가하고 국가부채도 증가하고 공무원 인력도 증가했지만, 국민은 얻는 것이 없다. 유일한 수혜자는 정부 고위 관계자들과 정치권이다. 이들은 사전·사후평가가 제대로 작동되지 않는 바람에 "정부는 무엇을 하고 있는가?"라는 국민의 비판을 얼마든지 피할 수 있었던 것이다.

정책효과가 미진해서 사회적 문제가 지속되는 것을 막기 위해서는 해당 정책이 효과적이었는지, 그렇지 못했는지에 대한 사후적 검증 및 평가가 제대로 이루어져야 한다.

3. 우리나라 사전평가제도의 현주소

한국의 정책에 대한 사전평가와 사후평가의 담당기관과 평가방법은 주요 선진국 못지않게 다양하다. 사전평가로서 법적 근거를 갖는 것도 많다. 국가재정법상 총사업비 500억 원 이상 그리고 국고지원 300억 원 초과 사업을 대상으로 사전평가를 의무화하는 예비타당성 조사가 대표적이다.

예비타당성 조사는 1999년 예산회계법(2007년 제정된 국가재정법에 포함) 개정으로 시작된 후, 여러 국책사업에 대한 예비타당성 조사의 결과에 많은 지역주민의 관심이 집중되어왔다. 예비타당성 조사를 통한 사업수행 결정의 기준은 비용·편익분석(Cost-Benefit Analysis) 상의 편익비용비율(B/C ratio)인데, 이에 관한 국민적 관심이 높다. 이 B/C ratio를 기초로 지역 균형발전의 요인을 추가한 것을 종합평가(AHP: Analytic Hierarchy Process)라고 하는데, 이에 관한 관심도 자못 크다고 할 수 있다.

국회에서는 예산이 수반되는 법안의 경우, 법안을 제출하기 전에 국회 예산정책처 평가의견을 첨부하도록 하고 있다. 국가의 5년 단위 중기재정계획 전체에 대한 평가도 국회 기획재정위원회의 심의를 거치게 되어 있으며, 2014년부터는 국세기본법과 국가재정법 개정에 따라 정부가 수립하는 중장기 조세개혁방안에 대해서도 5년 이상의 단위로 수립하여 국회의 심의를 받도록 하고 있다.[1]

아울러 사전평가제도의 하나로써 국세기본법 개정을 통

---

1   국세기본법 제20조의2(중장기 조세정책운용계획의 수립 등) 및 국가재정법 제7조3항의4 신설

해 2014년부터는 조세지출 예산법안에 대해서도 국책연구기관인 한국조세재정연구원 평가를 거치도록 했으며,[2] 국세청이 가진 모든 조세의 원시자료를 연구와 분석 목적으로 활용할 수 있게 됐다.[3]

한국은 그 어느 나라보다 자주 그리고 광범위하게 세법을 개정하는 나라로 알려져 있다. 그런데 사전평가가 중요한 재정정책수단 중 하나는 세법개정안인데도 시행령까지 포함하면 매년 100개가 넘는 개정안이 정부 발의로 제출된다. 이러한 세법개정안은 국회에 제출되기 전, 세제발전심의위원회라는 곳에서 사전평가·심의하도록 되어 있지만 그 기능은 미약하기 그지없다.

이처럼 법으로 규정된 각종 재정소요 정책에 대한 사전평가가 다양한 상황인데도 불구하고, 제대로 된 평가가 이루어지지 않고 있다. 한국에서 제대로 된 사전평가로 여겨지는 예비타당성 조사의 현실은 어떠할까?

---

2   조세특례제한법 제142조(조세특례의 사전·사후관리) 개정
3   국세기본법 제85조의6(통계자료의 작성 및 공개 등) 개정

예비타당성 조사 결과에 따라 국비지원이 결정되기 때문에, 큰 관심만큼 해당 지역 국회의원들과 지자체장의 결과에 대한 로비와 압력 수준이 상당한 것이 현실이다. 심지어 이러한 예비타당성 조사를 거치지 않고 시행된 4대강 사업은 사회적으로 큰 논란이 되었고, 이를 선례로 문재인 정부 초기인 2018년에는 여러 지역별 국책사업이 예비타당성 면제사업으로 허용되기도 했다.

세법개정안의 경우 매년 9월 정부의 세법개정안이 국회에 제출되기 전, 8월 말경 세제발전심의위원회 회의가 한 차례 개최된다. 하지만 이마저도 형식적으로 평가가 이루어지는 관행이 수십 년간 계속됐다. 조세정책이 갖는 납세자에 대한 영향이 복잡하고 장기간 지속됨에도 불구하고, 그 어떤 과학적인 평가는 이루어지지 못한 채 국회로 가게 되고, 국회 역시 제대로 된 평가가 없는 상황에도 심의를 대충 거친 후 통과시키기에 급급한 상황이 계속됐다.

세금을 깎아준다는 각종 포퓰리즘 정책이 남발하는 것을 막기 위해서는 사전평가를 통해 정책의 효과를 예측하는 작업이 필수적이다. 각종 데이터를 기반으로 전문적이고 과학적인 분석을 통해 정책의 실패를 최소화해야 한다.

4. 외면받고 있는 사후평가제도

사후평가 역시 각종 법적 장치와 담당 기관이 있음에도 불구하고 제 역할을 하지 못하고 있다. 우선 예산을 수반하는 정책이나 사업의 경우, 기본적으로 관련 부처가 입안하여 기획재정부에 제출하고, 이를 기획재정부가 최종 예산으로 취합하여 국회에 제출하면 이를 심의받게 된다. 이러한 예산이 국회에서 통과된 후, 해당 사업을 관련 부처가 집행 내지 시행하게 되면, 이에 대한 사후평가가 이루어지는 절차는 수없이 많다.

즉 해당 부처의 자체평가가 있고, 총리실의 평가, 감사원의 감사, 국회의 국정감사와 국회 예결위의 결산심사 등 관련 정책과 사업을 여러 차례 평가하게 되어있다. 더 나아가 사후평가의 과정에서 사법부의 역할도 중요하다고 하겠다. 정책집행 결과가 각종 소송으로 이어질 수 있고, 이에 따른 각종 정책의 문제점이 구체적으로 드러나기 때문이다.

그러나 그 어느 하나의 과정에서의 평가도 적절히 이루어지지 않고 있는 것이 현실이다. 특히 국회에서는 예결위에서의 결산 자체에 관심이 없다. 독립 상임위로 되지는 못한 채 예결위가 상설화되었지만, 예결위는 오직 10월이나 11월에 한 번, 다음 해 예산안에 대해 심의를 할 뿐이다. 그것도 제때 이루어지는 경우가 없는 상황에서, 결산에 대한 심사를 제대로 할 리가 없는 것이다. 국정감사 역시 굵직한 비리 적발에 매달리는 국회의원과 언론의 눈에는 애당초 각종 정책이나 사업에 대한 것들이 보일 리가 없다. 국회뿐만 아니라 총리실과 감사원도 사후평가에 관한 관심이 매우 부족하다.

5. 정책평가 부실과 그 결과

정책평가의 성공과 실패에는 제도적 요인과 방법론적 요인, 이렇게 두 가지 요인이 작용한다. 제도상 평가체제가 갖추어져 있음에도 불구하고 제도적 구속력과 실효성이 없음에 따라 평가가 부실하다는 사실뿐만 아니라, 반복되는 평가에도 불구하고 적절한 평가의 방법과 인프라가 마련되지 않았기에 평가의 신뢰성이 떨어진다는 사실에 이르기까지 총체적 평가부실 상태라는 것이다.

평가부실이 더욱 극명하게 드러나는 것은 여러 부처가

중복적으로 시행하는 정책들에 있다. 중소기업지원정책, 복지정책, 그리고 농촌지원정책들은 대표적으로 여러 부처가 경쟁적으로 그리고 중복적으로 시행하는 것들인데, 이들 정책은 중복성뿐만 아니라 낭비성, 그리고 실효성 측면에서 심각한 문제를 안고 있다. 이러한 정책들은 여러 부처가 서로 어떤 역할 분담을 하고, 어떤 재원부담과 지출하는지에 대한 총괄적인 파악과 평가가 전혀 이루어지지 않은 상태에서 그저 매년 전년 대비 증액으로 각자의 정책을 단순 지속하고 있을 뿐이다.

이러한 다부처 정책사업은 대상자들이 약자이거나 소외계층이라는 점에서 평가를 통한 문제점 부각 자체가 정치적으로 어렵다는 공통점을 갖고 있기도 하다. 그래서 평가조차 부실한 상태에서 매년 증액으로 무작정 사업이 계속된다.

필자는 2010년 심층평가사업의 일환으로 중소기업정책사업 평가작업을 수행한 바 있다. (6장에서 상세 설명) 여기서는 필자가 개발한 평가방법으로서 정책매트릭스를 통해여러 부처의 중소기업 지원사업의 분야별·대상별 재원배분과 성과를 파악하려고 시도했다. 그러나 이러한 정책매트릭스를 관련 부처에 보내 기입하도록 했지만, 제대로 작성해서 보낸 부처가 거의 없었다. 그만큼 평가는커녕 사후 관리조차도 제대로 이루어지지 않고 있었다는 사실이 드러났다.

중소기업 정책뿐만 아니라 복지정책과 농촌정책도 마찬가지일 것이다. 최근에는 저출산 대책 관련된 여러 부처 정책들에 대한 중복성과 낭비성이 문제가 되고 있고, 나아가 저조한 실효성까지 문제가 되고 있다. 저출산 대책으로 매년 엄청난 재원이 투입되고 있지만, 세계 최저 출산율을 기록하고 있는 한국의 실정은 심각하기만 하다.

2021년 저출산 예산은 무려 42조 9,000억 원에 달한다. 저출산 대책의 주무장관은 보건복지부 장관이며, 그 밑에 저출산고령사회위원회가 관리를 한다. 하지만 정책결정의 권한과 책임이 그 누구에게도 없다. 그 결과, 실패를 해도 아무도 책임을 지지 않고 노하우가 쌓이지도 않는다.

결국 지난 10여 년간 그야말로 퍼부은 저출산 대책 예산에도 불구하고 우리의 출산율은 0.78%라는 세계 최저 수준으로까지 떨어졌다. 이는 그동안 얼마나 정책, 특히 예산

사업에 대한 사전평가와 사후평가가 제대로 작동하지 않았나를 여실히 보여주는 것이라 할 수 있다. 사전·사후평가를 통해 저출산의 근본원인이 무엇인지를 과학적으로 파악하고 이를 기초로 저출산 대책을 수립하고 이에 대한 효과성 검증이 필요함에도 불구하고 이를 소홀히 하였다는 것이다.

Ⅳ.
ICT산업 발전과
정책평가 인프라의 변천과정

평가를 위해서 절대적으로 필요한 것은 평가 인프라라고 할 수 있다. 그리고 평가 인프라는 평가의 방법과 평가의 자료, 크게 두 가지로 구분된다. 즉 특정 정책을 평가할 때 어떠한 자료를 갖고 어떠한 방법으로 평가할 것인가가 핵심이 된다. 이러한 평가 인프라는 마치 한 국가가 발전하는 과정에서 자본이 축적되듯이, 정책평가에 있어서도 축적되는 것이다. 다시 말해서 평가의 방법과 자료는 시간이 지남에 따라 소모되는 것이 아니라, 시간 흐름에 따라 축적되기에 평가에 있어서 주요 수단이 되면서 발전해가는 것이다.

1. ICT산업에 따라 발전한 계량경제학

우선 평가방법을 먼저 살펴보자. 평가방법에 있어서 최

근 반세기 동안의 발전은 그야말로 획기적이었다. 각종 자료를 갖고 정책평가를 위해 분석할 수 있는 기법이 단순한 통계학적 분석에서 시작되어 이제는 고도로 개선된 계량경제학적 분석에 이르기까지 급속히 발전해왔다. 이러한 통계학, 나아가 계량경제학(Econometrics)의 급속한 발전은 획기적인 컴퓨터 기능의 발전이 한몫했다.

컴퓨터가 처음 개발된 뒤 오늘날에 이르기까지 처리 속도와 처리 자료량은 반도체산업과 ICT(Information, Communication and Technology) 산업 발전과 함께 상상을 초월할 정도로 발전되었다. 불과 몇십 년 전 대용량의 컴퓨터가 하던 작업을 이제는 PC에서 할 수 있을 정도가 되었다.

1980년대 후반 PC가 보급되기 시작하면서 여러 종류의 데이터를 저장하고 처리하는 작업이 대형컴퓨터가 아닌 PC에서도 가능해졌다. PC가 보급되기 전에는 간단한 통계분석이나 회귀분석을 하기 위해서도 대형컴퓨터인 메인프레임(Main Frame) 컴퓨터 시스템에 있는 자료처리 기계에 올려놓는 둥근 테이프에 데이터를 저장한 뒤, 노란색 카드로 된 프로그램 입력용지에 키펀치(Key-punch) 기계를 이용해 명령어를 입력하여 시행시키는 작업이 요구되었다.

이러한 복잡한 과정이 이제는 거의 1분 이내에 PC에서 이루어질 정도가 되었다. 1980년대에는 용량이 큰 데이터의 경우, 회귀분석에 필요한 행렬(Matrix)의 역행렬을 구하는 것이 PC에서는 저장용량과 처리용량의 부족으로 힘들었을 때도 있었다. 그래서 당시 대용량 행렬을 처리 가능한 크기로 분할해서(Partition) 역행렬을 구하는 연산공식(Algorithm)을 사용하기도 했다. 그런데 이제는 용량의 크기에 제한이 없을 정도로 PC의 하드디스크 용량이 커졌을 뿐만 아니라 연산속도도 상상을 초월할 만큼 빨라졌다.

필자가 1980년대 후반 구입했던 40MB 하드디스크의 크기가 문고판 책 한 권 크기 정도였는데, 이제는 조그만 USB에 1TB 이상이 담길 정도가 되었다. 1TB가 1,000,000MB이니 메모리 저장기술의 발달은 실로 엄청나다. 그만큼 PC에서의 저장용량 및 처리용량이 크기와 속도 면에서 눈부신 발전을 했다는 것이다.

2. 분석방법의 발전과정

컴퓨터 기능의 급속한 발전과 데이터 저장용량 및 처리

용량의 확대, 그리고 처리속도의 발전은 계량경제학의 발전을 유도하기도 했다. 단순한 회귀분석에서 출발해서 이제는 최적화(Optimization)를 구하는 복잡한 계산과정도 쉽고 빠르게 하게 되었다. 회귀방정식을 추정함에 있어서 최우법(Maximum Likelihood Method)을 원활하게 하는 알고리즘(예: Newton-Raptson Method)을 적용하여 극대값을 찾는 것도 이제는 쉽게 할 수 있다. 더구나 비모수적 추정(Non-parametric estimation method)이나 몬테카를로 기법 (Monte-Carlo method) 등 엄청난 연산용량과 속도가 필요한 방법도 이제는 몇 분 만에 쉽게 처리할 수 있게 되었다. 전산처리 용량과 속도의 한계로 할 수 없다고 간주되던 많은 계량경제학 이론들 그리고 알고리즘도 이제는 PC에서 몇 분 만에 처리할 수 있게 되었다.

1980년대 러스트(John Rust) 교수는 유명한 경제학 저널인 Econometrica에 미국 위스콘신주의 한 버스회사의 연구용역을 받아 버스 엔진교체의 최적 시기를 찾는 연구논문을 게재한 바 있었다.[1] 그는 이 연구에서 독자적인 알고리즘을 개발하여 버스 엔진교체를 하는 데 있어서의 최적시

---

[1]   Rust, J., "Optimal Replacement of GMC Bus Engines: An Empirical Model of Harold Zurcher" Econometrica, 55-5, 999-1033, 1987.

점을 찾는 데 기여했다.

　이른바 최적중단(Optimal Stopping)이라는 동태적 문제를 푸는 알고리즘으로 'Nested Fixed Theorem Algorithm'을 개발하여 적용했다. 여러 시점에서의 문제를 푸는 데 필요한 여러 가정을 하지 않은 상태에서 해답을 구하는 방식으로, 당시 매우 획기적인 것이었다. 그런데 이를 최적 은퇴 시점을 구하는 방식에 적용해보니 한계가 나타났다.[2] 그의 알고리즘을 적용하기에는 관련된 변수가 너무 많았고 이를 감안하여 문제를 풀기에는 엄청난 시간이 소요되었다. 당시 슈퍼컴퓨터를 이용하여서도 어려움이 있을 정도였다.

　당시 많은 경제학자들은 그렇게까지 복잡한 상황을 기초로 어렵게 문제를 풀 필요가 없다면서 그를 비판하기도 했다. 그러나 그로부터 30여 년이 지난 지금, 그의 방법론은 더 이상 처리시간의 문제가 발생하지 않게 되었다. 그만큼 전산처리용량과 속도가 획기적으로 발전했기 때문이다.

2　Rust, J., "A Dynamic Programming Model of Retirement Behavior" in David Wise (ed.) The Economics of Aging, Chicago, University of Cicago Press, 359-398, 1989.

3. 빅데이터 시대의 도래

전산처리능력의 급속한 발전은 계량경제학의 발전을 유도했을 뿐만 아니라 데이터 개발을 촉진하기도 했다. 처리용량과 처리속도에 대한 제한이 없어짐에 따라 데이터의 규모도 제한이 없어지는 상황에 이르렀다. 특히, ICT의 발전으로 데이터는 광범위하게 축적되는 빅데이터 시대에 도달하기도 했다.

시계열 자료(Time-series data)나 설문조사를 통한 횡단면 자료(Cross-section data)를 거쳐서, 1968년 매년 주기적으로 동일가구를 추적조사한 미국 미시간 대학의 PSID(Panel Study of Income Dynamics)라는 패널데이터(Panel Data)가 시작되면서 데이터의 개발은 새로운 국면을 맞이했었다. 이러한 패널데이터 개발이 지속되다가 이제 21세기 들어서 ICT 발전과 함께 빅데이터 시대가 열리면서 데이터 개발과 활용에 있어서 새로운 전환점이 마련된 것이다. 이러한 데이터 개발은 다시 한번 계량경제학적 분석방법의 발전을 유도할 것이다. 아울러 이러한 새로운 분석방법과 데이터를 기초로 정책평가에 대한 새로운 발전이 이루어질 가능성도 커질 것이다.

이제 세계는 분석방법과 데이터의 한계를 극복한 상태에서 각종 경제·사회적 분석을 다양하게 유용하게 할 수 있는 여건이 형성된 것이다. 문제는 우리 한국에서의 상황이다. 분석방법과 데이터의 빠르고 획기적인 발전에 맞추어 학계와 정부 당국이 분석방법을 끊임없이 개발하고 응용하고 데이터를 축적하고 활용하는 데 준비가 되어 있는지, 그리고 이에 대한 확고한 의지가 있는지가 관건이다.

V.
평가 인프라 구축방안 1:
데이터 인프라 구축

앞서 평가 인프라로서의 계량경제학과 전산처리속도 및 처리량, 그리고 데이터의 발전과정을 살펴보았다. 이제 우리 한국의 경우, 전산처리속도와 처리량 측면, 나아가 평가 방법의 학문적 발전과 데이터의 발전이 어느 정도 수준인지에 대해 살펴볼 필요가 있다. 이를 기초로 여기서는 한국의 평가 인프라의 발전을 위한 과제로서 우선 데이터를 중심으로 한 재구축 방안을 모색한다.

1. 평가를 통한 데이터의 구조조정

한국에서 데이터 생산기관으로 대표적인 공공기관은 통계청이다. 통계청 이외에도 각 행정부처 자체적으로 생산하는 자료들도 있다. 통계청을 중심으로 통계를 작성하는 기관 수가 2022년 현재 431개이고, 작성 통계 수는 1,288개이다. 통계청의 통계작성사업과 관련된 예산은 약 2,000억 원 규모다. 나아가 한국은행도 국민소득통계, 투입산출표〈Input-Ouput Table〉 등 몇 가지 통계자료를 만들고 있다.

이러한 기관들이 매년 생산하는 데이터들은 오랜 역사를 갖고 있지만, 이들에 대한 평가가 제대로 이루어지지는 못했다. 데이터는 이용자가 얼마나 유용하게 사용하고, 나아가 이를 통해 학문적, 정책적 발전에 얼마나 기여하는지가 중요하다. 따라서 생산기관별 데이터의 활용도, 중요도 그리고 정확도를 중심으로 전반적인 평가를 할 필요가 있다. 이러한 기존 데이터의 평가를 통해 기존 데이터의 구조조정이 필요하다. 데이터의 구조조정은 활용도 등의 평가에서 낮은 평가를 받아 중단할지, 개선할지, 나아가 어떤 새로운 데이터가 필요한지를 기준으로 데이터의 생산중단, 개선, 신설한다는 것을 의미한다.

통계청을 중심으로 모든 중앙정부 행정부처들이 만들어 내는 데이터들이 어떻게 활용되는지, 그리고 개선될 사항은 무엇인지에 대한 대대적인 평가작업이 필요하다.[1] 막대

---

1   통계청에서는 데이터들에 대한 이용자들의 만족도 중심 설문조사를 간헐적으로 하면서, 이를 평가로 간주하기도 했다.

한 예산과 인력을 투입하여 생산한 데이터가 활용도가 낮거나 오류가 많은 경우를 파악하고, 그 이유를 분석하는 전문적인 평가방법이 동원되어야 한다. 통계청조차 근본적이고 총괄적인 데이터 평가작업을 제대로 한 적이 없을 정도라는 점에서 나머지 기관들도 마찬가지일 것이다.

데이터는 그 목적과 특성에 따라 관련 부처의 업무수행과 발전에 크게 기여한다. 그런데 이러한 데이터의 활용이 미진하다는 것은 관련 부처의 업무가 제대로 이루어지지 못하고 있다는 것을 의미한다. 이는 관련 부처의 업무에 대한 평가가 소홀하거나 데이터 자체의 결점이 있기 때문일 것이다. 따라서 전문가를 동원해 기존에 생산되고 사용되는 데이터에 대한 전반적이고도 과학적인 평가작업을 해야 할 필요가 있다.

이러한 평가작업을 통해 모든 데이터들의 구조조정을 단행함으로써 데이터 생산의 효율성을 높일 뿐만 아니라, 활용도를 높이고 나아가 정책의 발전에도 기여할 수 있을 것이다.

2. 중복 데이터 간 역할 재조정

데이터 생산기관 간 중복문제도 심각하다. 데이터의 목적과 특성이 유사한데도 각 기관은 예산을 들여 독자적으로 계속 데이터를 생산하고 있다. 이처럼 유사한 특성을 갖는 데이터들은 수집기준이 달라서 상호 비교가 힘들고, 나아가 이용자들에게 불편을 야기하는 경우도 많다.

대표적으로 데이터의 중복문제가 심각한 것은 바로 통계청의 가계 조사와 한국은행의 국민소득 조사라 할 수 있다. 두 조사 모두 한국의 대표적인 소득 조사라고 할 수 있다. 통계청의 가계소득·소비 조사의 경우, 오랜 역사를 갖고서 분배통계를 생산하는 주요 원천이고, 한국은행의 소득 조사는 국민소득 계정의 원천이다. 그런데 이 두 기관의 두 자료는 서로 조사기준과 방법이 다름으로써 직접 비교가 어려울 뿐만 아니라, 대표성도 각각 취약하다고 할 수 있다. 대표성이란 국민소득통계의 기초가 되는 한국은행의 조사와 분배통계 등의 기초가 되는 통계청의 조사 중 어느 것이 소득 관련 통계로서 실제에 근접하는가의 문제이다.

한국은행의 경우, 통계청과 달리 지역소득통계를 생산

하지 않음에 따른 상호 비교 불가능하다는 문제도 있다. 따라서 소득 조사와 관련된 양 기관 간의 기준 조정을 통해 비교 가능성 확보와 나아가 역할 분담이 절실히 필요하다. 그 외 여러 기관 간 데이터의 비교와 기준 조정을 통한 기관 간 역할 재조정이 필요할 것이다.

3. 공공데이터의 개방·공유·활용

통계청과 행정부처 그리고 한국은행 등이 생산하는 데이터들은 기본적으로 집계치를 만들어 자료집으로 만들어 출간함으로써 데이터를 국민에게 개방한다. 하지만 이는 완전한 개방이라고 할 수 없다.

데이터의 기본형태 혹은 원시형태의 자료를 원시자료(Raw data)라고 하는데, 이를 완전히 개방하여 전문가들이 활용하도록 해야 한다. 공공데이터를 원시자료로 개방하고, 공유하고, 나아가 활용하도록 하는 것은 우리가 추구하는 데이터의 완벽한 활용 방안이 된다. 그동안 이러한 원시자료의 개방을 통계청의 경우, 가계 조사를 중심으로 상당 부분 이루어졌다. 그러나 그 밖의 기관이나 데이터의 경우

아직도 원시자료 형태의 개방이 이루어지지 않고 있다.

원시자료 형태로 개방이 절실히 요구되는 데이터는 납세자료, 교육자료, 고용보험, 건강보험 그리고 국민연금 관련 자료라 할 수 있다.[2] 특히, 납세자료의 경우, 미국 등 선진국에서는 전체 납세자 중 일부를 추출하여 다른 미시자료(Micro data), 즉 원시자료와 결합하기도 한다. 하나의 사례로 1994년, 한국조세재정연구원에서 금융소득종합과세 방안 연구를 진행할 때, 필자가 국세청으로부터 3년 치 근로자와 사업소득자 전체자료를 제공받은 바 있다.

그 이후 본격적인 개방의 시작은 앞에서 언급한 바 있듯이 2014년 국세기본법 개정으로 국세청 원시자료의 연구목적 활용이 가능하게 되었다. 즉 연구목적임을 입증하면 한국조세재정연구원을 통해 국세청 원시자료를 이용할 수 있게 된 것이다.

---

2 중앙부처 산하기관(공공기관) 중 명칭이 '…정보원'으로 되어 있는 기관들은 정부의 각종 행정정보를 보유하고 있다. 한국교육학술정보원의 NEIS자료, 한국사회보장정보원의 행복e음(사회보장정보시스템) 자료, 보육통합정보시스템 자료, 사회서비스바우처 시스템 자료 등등

4. 패널데이터의 정비 및 통합

패널데이터는 동일한 가구나 개인을 계속 추적조사해서 만든 데이터를 말한다. 패널데이터의 시작은 미국 미시간대학(University of Michigan-Ann Arber)이 개발한 PSID(Panel Study of Income Dynamics)이다.[3] 1968년 5,000가구 18,000명을 대상으로 시작된 조사를 통해 현재까지 50여 년간 가구자료와 개인자료를 만들어내고 있다. 1968년 당시 태어난 가구 내 표본이 50세가 넘을 때까지의 과정을 고스란히 추적조사하여 그 성장과정과 새로운 가구구성과정까지의 정보를 담고 있는 것이다.

미국은 그 이외에도 RHS(Retirement History Longitudinal Survey, 1969-1979)[4]와 HRS(Health and Retirement Study, 1992-현재)[5] 등 수많은 귀중한 패널데이터를 보유하고, 개발하고 있으며, 이를 통한 학문적 연구와 정책평가 및 개발에 크게 기여하고 있다.

---

3   https://psidonline.isr.umich.edu/

4   https://www.icpsr.umich.edu/web/ICPSR/series/49

5   https://www.healthypeople.gov/2020/data-source/health-and-retirement-study

한국에서의 패널데이터 시작은 1993년 이른바 「대우패널」이라 하겠다. 필자는 대우경제연구소 재직 당시, 한국에서의 패널데이터 개발의 필요성을 강조하여 대우그룹 전체로부터 투자를 이끌어냈다. 아울러 미국 유학 시절 활발히 접촉하던 학자들의 도움으로 PSID를 만드는 미시간 대학의 Institute for Social Research 내 소속된 SRC(Survey Research Center)의 협조를 받았다.[6] 당시 코드북(Codebook) 뿐만 아니라 전화 면접하는 방법 등에 대한 기술을 그대로 전수받았고, PSID 총책임자였던 Greg Duncan과 Martha Hill 등의 지원을 직접 받게 되었다.

이러한 협조의 조건은 대우패널이 만들어지면, 그 결과물을 당시 준비 중이던 LIS(Luxemburg Income Study)에 제공하는 것이었다.[7] LIS는 많은 국가들의 소득, 소비 데이터를 통합관리하면서 국제비교연구의 기초자료로 활용하는 것인데, 이를 추진하던 미국 시라큐스 대학(Syracuse University)의 Timothy Smeeding이 앞장서서 한국, 나아가 아시아 최초 패널데이터 구축에 적극적으로 협조했던 것이었다.

6　https://www.src.isr.umich.edu/about/

7　https://www.lisdatacenter.org/

이렇게 시작된 한국의 패널데이터는 이제 많은 부처와 부처 출연연구원들이 패널데이터들을 보유하고 있을 정도가 되었다. 대우패널을 이어받은 한국노동연구원의 노동패널을 필두로, 한국보건사회연구원의 복지패널, 한국여성정책연구원의 여성패널, 그리고 한국고용정보원의 청년패널과 고령화연구패널 조사 등 선진국이 보유하고 있는 각종 인구속성별 패널데이터 대부분이 만들어졌다.

그런데 문제는 이러한 패널데이터 붐이 일어난 한국에서, 과연 이들이 패널데이터 개발목적에 맞게 잘 활용되고 있는가에 있다. 각 부처가 출연 연구기관을 통해 경쟁적으로 패널데이터를 급속히 만들어내기는 했지만, 제대로 활용되는지에 대한 관심은 지극히 저조하다. 노동패널의 경우만 노동연구원과 학계가 중심이 되어 매년 노동패널 학술대회를 개최할 뿐, 나머지는 활용도가 미진한 실정이다.

한국에서도 많은 패널데이터가 개발된 것은 다행이지만, 이제는 이에 대한 정비 및 발전계획을 수립할 시점이 이르렀다. 각 패널데이터의 조사, 관리, 이용 등의 단계별 문제점을 철저히 분석하여 이에 대한 개선방안을 수립해야만 할 것이다. 특히, 초기 대상 표본가구에서 심각한 마모(Attrition)가 발생한 경우 표본의 재구축과정도 요구된다. 아울러 패널데이터 간 과감하게 통폐합도 이루어져야 할 것이다. 나아가 데이터 간 연계를 위한 주민등록번호 등을 기초로 한 정보수립도 고려할 필요가 있다.

〈표 2〉 한국의 패널데이터 현황

한국노동연구원	한국노동패널조사, 사업체패널조사
한국조세재정연구원	재정패널조사
한국고용정보원	청년패널조사, 대졸자직업이동경로조사(2011년 졸업자부터는 횡단면 조사로 변경), 고령화연구패널조사
한국보건사회연구원	한국복지패널, 한국의료패널(국민건강보험공단과 공동 조사)
국민건강보험공단	한국의료패널(한국보건사회연구원과 공동 조사)
한국직업능력개발원	한국교육고용패널조사, 인적자본기업패널조사
한국여성정책연구원	여성가족패널, 여성관리자패널조사
한국청소년정책연구원	한국아동·청소년패널조사, 한국청소년패널조사, 다문화청소년패널조사, 학업중단청소년패널조사
육아정책연구소	한국아동패널연구
한국장애인고용공단	장애인고용패널조사
국민연금연구원	국민노후보장패널조사
한국교육개발연구원	한국교육종단연구
정보통신정책연구원	한국미디어패널
통계청	가계금융·복지조사
근로복지공단 근로복지연구원	산재보험패널조사

5. 민간데이터와 빅데이터의 활용

　민간 부문에서도 여러 데이터가 구축되고 활용되고 있으며, 급속히 민간데이터의 양적·질적 발전이 이루어지고 있다. 민간은행, 각종 단체, 교육기관들의 경우, 자체적으로 다양하면서도 유용한 데이터를 보유하고 있다.

　특히, 빅데이터 개발의 경우, IT 강국으로서의 위상에 맞게 주목받을 만하다. 각종 유통업체 등에서 실시간 생산되는 소비자 행태 관련 정보들도 빅데이터로 구축되고, 여러 분야에서의 활용을 위해 대기하고 있다.[8] 공공부문 역시 한국전력의 전기소비 자료가 빅데이터 형태로 구축되고 활용될 여지가 크다.

　민간과 공공 모두, 빅데이터 구축과 이용에 대한 새로운 전환점이 마련되었다고 볼 수 있다. 따라서 이들 데이터를 개방하고, 공유하고, 활용하는 것이 중요하다. 박근혜 정부에서 추진되었던 정부 3.0이 공공데이터와 민간데이터의

8　KB은행의 부동산 시세, 한국기업데이터의 크레탑(Cretop), 한국나이스신용평가의 Kisline 등 기업 재무정보 자료 등. 한국사회과학자료원의 KOSSDA 자료, 각 신용카드사 자료

개방·공유·활용을 목표로 여러 대책이 추진되었다는 점에서, 이를 지속적으로 유지할 필요가 있다.

VI.
평가 인프라 구축방안 2:
평가방법 개발

1. 사회적 실험

사회적 실험은 정책시행에 따라 정책대상자의 행동(근로, 소비, 은퇴 등) 변화가 예상될 때, 정책 시행 전에 특정 지역이나 집단을 대상으로 해당 정책을 시험적으로 실시한 뒤, 이로부터 확보한 정책대상자의 행동 변화와 관련된 각종 데이터를 사용하여 정책효과를 사전에 예측하는 것이다.

미국의 EITC(Earned Income Tax Credit) 시행의 기초가 되었던 1970년대 NIT(Negative Income Tax) 실험이 사회적 실험(Social experiment)의 시작이자 대표적이라 할 수 있다. 앞서 논의된 바 있듯이, NIT 실험은 네 번에 걸쳐 네 지역에서 시행되었다. 뉴저지(1968-1972), 아이오와와 캐롤라이나(1969-1973), 개리(1971-1974), 시애틀-덴버(1971-1982)에서 시행한 실험을 통해 NIT는 남성 가구주의 노동을 심각하게 줄일 수 있다는 결론이 도출되었다. 그래서 이러한 노동 공급 저하 효과를 줄이는 방식의 EITC가 1980년대에 와서 도입되었다.

한국의 경우 이러한 사회적 실험이 적용된 사례가 없었다. 2000년에 시행된 의약분업과 국민기초생활보장제도 시행에 앞서 반드시 필요하다고 판단되던 사회적 실험이 수행되지 않은 채, '일단 하고 보자' 식으로 시행되었다. 의약분업의 경우, 과연 기대했던 항생제 남용 저하의 효과가 나타날 것인지, 그리고 국민기초생활보장제도의 경우 근로 의욕 저하 효과가 커져서 빈곤함정(Poverty Trap)에 빠지는 상황이 생기지 않을지에 대한 사전 검증이 없이 시행되었다.[1]

따라서 이제라도 우리 앞에 펼쳐진 새로운 정책에 대한 사회적 실험 적용을 본격적으로 검토해야 한다.

---

1 한국건강보험공단의 포괄적 수가제도 도입을 위한 시범실시 등의 사례가 있기는 하지만 지극히 형식적으로 이루어졌다는 평가를 받고 있다. (2009년 4월 20일부터 건강보험공단 일산병원을 대상으로 시범사업을 실시하는 신포괄수가제 사례 반영)

2. 비용편익분석의 개선

비용편익분석은 공공사업에 대한 사회적 비용과 편익을 계산하여 비교하는 분석도구다. 그동안 방법론상 발전이 꾸준히 이루어져 왔는데, 한국의 경우에도 타당성 조사와 예비타당성 조사 등 여러 사업에 적용되었다. 특히, 도로공사나 항만·공항공사 등 대형사업에서 타당성 조사로서 비용편익분석이 빈번히 사용되었다.

그러나 비용편익분석의 분석기법이나 분석기초가 되는 각종 기본 자료, 즉 교통량예측치 등에 있어서 여전히 문제를 안고 있다. 교통영향, 환경영향 등과 같은 기본 자료들이 현실을 반영하지 못하거나 제때에 수정 보완되지 못하는 등의 문제가 지속적으로 제기되고 있다. 이는 공공사업 시행에 따른 각종 경제적·사회적 영향을 과학적이고도 엄정하게 예측하지 못하고 있기 때문이다.

따라서 비용편익분석의 분석방법을 제대로 개발 및 적용하는 것과 함께 각종 분석의 기초인 교통량 등 통계 구축과 수요예측치에 대한 과학적 분석과 개발이 필요하다. 아울러 비용편익분석의 결과에 덧붙여서 고려되는 해당 사업의 지역발전 기여 등 평가도 과학적 접근이 필요하다.

현재, 지역균형발전 요인을 비용편익분석 결과에 반영하는 AHP(Analytic Hierarchy Process)의 지수를 사용하고 있다.[2] 그러나 이러한 요인을 산정하여 반영하는 과정상 여러 논란이 계속되고 있다. 지역균형발전 등 이른바 정치적 고려요인을 어떻게, 어느 정도 반영하는 것이 바람직한지에 대한 연구가 필요하다.[3]

3. 국민이전계정

경제정책의 결과는 주로 성장률로 나타난다. 성장률은 바로 국내총생산(GDP: Gross Domestic Product)의 전기 대비 증가율이다. 이 GDP는 한국은행이 조사하여 발표하는 국민소득계정(NIA: National Income Accounta)이 기초가 된다.

---

2   AHP는 '분석적 계층화 방법'이라고 번역하기도 한다. 합리적 의사결정에 도움을 주고자 의사결정 과정을 단계로 나누어 분석하는 방법이다.

3   필자가 2000년 8월 주장한 비용편익분석에서의 '분배가중치 및 정치적 가중치 이용'은 지역균형발전 등 정치적 영향을 반영하는 방법으로 고려할 만하다. 안종범, "비용편익분석에서의 분배가중치: 정치적 가중치 이용의 이론적 근거", 『재정논집』 제15권 제1호, 2000.11.

그런데 저출산·고령화 문제가 부각되고 있는 시점에서는 세대 간 경제자원의 흐름이 중요해진다. 한 해의 경제적 성과를 의미하는 국민소득의 총량이 세대 간에 어떻게 배분되었는가가 관심의 대상이 되기 때문이다.

이러한 저출산·고령화 시대에 세대 간 자원 흐름을 파악할 수 있도록 하는 것을 국민이전계정(NTA: National Transfer Account)이라고 한다. 이 NTA는 2003년 미국의 버클리 대학의 리(Ronald Lee) 교수와 하와이대학의 메이슨(Andrew Mason) 교수가 개발한 것으로서 이를 기반으로 실제 측정하는 작업을 국가별로 시작하게 되었다. 현재는 체계적으로 50여 개국이 이 계정을 구축하여 비교연구하고 있다. (관련 사이트: http://ntaccounts.org)

한국의 경우, 필자가 2004년에 한국을 NTA 회원국으로 가입시키면서 시작한 뒤, 그동안 여러 연도의 한국 NTA 계정을 구축한 바 있다. 현재는 통계청에서 이 작업을 맡아서 진행하고 있다.[4] 국민이전계정은 말 그대로 세대별 소

---

4   통계청은 2019년 1월 22일, '2015년 국민이전계정' 개발 결과를 발표한 이후, 2016년 (2019년 12월 발표), 2017년(2020년 12월 발표), 2019년 (2021년 11월 발표) 국민이전계정 결과를 매년 발표하고 있다.

득, 소비 등의 흐름을 관측하는 것으로서 우리 한국의 경우 다른 국가들과 많은 차이를 보이고 있다. 특히, 세대 간 이전 중에서도 교육비에 대한 이전이 10대에 집중되어 있다는 사실이 NTA를 통해 확인되었다.[5]

따라서 국민소득계정(NIA)과 더불어 국민이전계정(NTA)을 기초로 한 해의 경제적, 사회적 성과를 세대별로, 그리고 민간과 공공부문의 흐름을 구분하여 살펴보는 것은 정책의 과학적 평가에 큰 도움이 될 것이다.

4. 지수 개발 및 활용

정책은 의료행위에서 처방에 비유된다. 의료에서 처방을 잘하려면 정확한 진단이 요구된다. 훌륭한 의사는 여러 방법으로 환자를 최대한 정확하게 진단하는 능력을 갖추고 있다. 정책도 마찬가지로 진단과정이 중요하다. 경제나 사회 상황에 대한 정확한 진단이 있어야 한다. 이러한 정책에 있어서는 진단으로서 지수(Index)가 핵심역할을 한다.

---

5   안종범, 『국민이전계정을 이용한 재정정책의 세대 간 형평성 효과 연구』, 한국조세연구원, 2008.

경제·사회 상황의 기초 단위인 경제 및 사회 주체는 다수이기 때문에 이 다수의 상이한 상황을 여러 각도에서 파악해야 한다. 이러한 다수의 구성원이 보이는 대표적 상황이나 행태를 대표적으로 측정하는 것이 바로 지수이다. 예를 들면 소득분배 상태를 대표적으로 나타내는 데 주로 사용되는 지니계수(Gini Coefficient) 등을 말한다.

필자는 그동안 대표적인 수치를 통해 측정하기 힘든 여러 가지 상황에 대한 지수개발의 필요성을 인식하여 이를 위한 연구를 진행한 바 있다. 그중 하나가 국가부채 통계 관련 지수다. 국가부채 크기에 대해 빈번히 논쟁이 벌어지곤 했는데, 이는 국가부채의 정의나 기준이 서로 다르기 때문이었다. 공기업 부채를 포함해야 한다거나 연금부채를 포함해야 한다거나 하는 등 각자의 주장에 따라 벌어진 논쟁이었다. 따라서 필자는 통화량 지표가 M1, M2, M3 등으로 사용되듯이 여러 정의에 따른 국가부채를 D1, D2, D3로 측정하여 발표할 것을 주장하였으며 현재 이것이 받아들여져 활용되고 있다. 이와 같은 적합한 지수개발은 불필요한 논쟁을 막을 수 있는 수단이 된다.

경제주체 중에서 기업이 차지하는 중요성은 막중하다

할 수 있다. 또한, 기업이 정책을 위시한 각종 환경으로부터 받는 영향은 다양하고 심대하다. 조세정책에 따른 세부담, 고용보험 등 사회보험으로부터의 부담, 각종 규제로부터의 부담 등 실로 다양하다. 그런데 이를 통합적으로 파악하고, 이를 기초로 다양한 부담별로 구분화할 수 있는 것이 필요하다.

이러한 점에서 필자는 2010년 대한상공회의소를 통해 기업부담지수(BBI: Business Burden Index)를 개발하여 사용하도록 권고했다. 설문조사를 통해 기업들의 세부담, 사회보험부담, 준조세부담과 같은 화폐단위로 측정 가능한 부담과 규제와 같이 비화폐적 부담을 함께 포함하는 지수를 개발했다. 이로부터 특정 연도에 특정 정책환경에서 기업의 부담이 어떤 변화를 보이는가를 측정했다. 이를 통해 기업규모별, 지역별, 업종별, 기업부담의 변화를 상호비교 분석이 가능하다.

선진국에서 매년 발표하는 납세협력비용(Tax Compliance Cost) 또한, 우리도 측정하여 발표할 필요가 있다. 이는 납세자로서 기업과 개인들이 납세에 따른 경제적 비경제적 비용부담을 나타내는 것으로, 납세행정비용과 비교함으로써 가치가 있는 것이다. 행정력을 강화하여 납세협력비용을 줄이는 것이 바람직한 정책인데, 어느 수준까지가 적정한지 파악하기 위해서는 납세협력비용의 측정이 중요한 것이다. 이는 국세청이나 국책연구원인 한국조세재정연구원이 담당하는 것이 바람직할 것이다.

또 한 가지 고려할 가치가 있는 지수는 빅데이터를 이용한 경제동향지수이다. 필자가 경제수석으로 재직 시 메르스 사태가 발생하고, 이에 따른 내수 감소 등 경제 상황이 급격히 악화되었다. 경제 당국으로서는 매일매일 어느 부문이 어느 정도 어려워졌는가를 파악할 필요가 있었다. 하지만 어떤 통계도 지수로 매일 단위 경제 상황을 파악하기는 힘들었다. 대부분 통계자료가 짧아야 월 단위이고 그것도 시차가 있는 것이어서 활용하려면 시간이 걸렸다.

따라서 필자는 여러 빅데이터를 사용할 것을 검토하자고 제안했다. 매일 단위 신용카드 사용량, 교통수단 사용량, 전기 사용량, 통신 사용량 등의 지역별, 소비자별, 업종별 동향을 파악하고, 이를 통합한 후 지수화하여 경제동향지수를 만들어보자고 제안했다. 당시 최종적으로 완성하지는 못했지만, 각종 빅데이터별 동향을 파악하는 것까지

는 가능했다. 남은 과제는 이들을 총체적 합성시키는 지수
(Composite index)를 개발하는 것이다.

우리가 현재 생활하는 가운데 발생하는 수많은 데이터
는 계속 축적되고 있다. 이는 빅데이터 형태로 활용가치가
무궁무진하다고 할 수 있다. 실시간 발생하는 빅데이터를
적합한 알고리즘을 통해 특정 목적에 맞게 지수화하는 작
업은 앞으로 우리가 추진해야 할 중요한 것이라 하겠다.

5. 정책매트릭스 개발 및 활용

중소기업 지원, 농업 지원, 복지, 저출산 대책, 일자리 대
책 등은 그동안 모든 정부가 중점적으로 추진해온 정책들
이다. 어느 국민도, 어느 집단도 이들 부문에 대한 정책, 특
히 예산 지원에 대해 이의를 제기하는 경우가 없다. 지원대
상이나 지원목적이 국민적 공감대를 형성하고 있는 것이
기 때문이다. 따라서 정부와 국회는 이러한 국민적 공감대
를 이용하여 제대로 된 사전, 사후평가 없이 이들 부문 예
산 사업들에 대해서는 무조건 늘이기를 거듭하고, 나아가
신규사업도 앞다투어 만들어낸다.

해당 예산사업들의 또 다른 공통점은 여러 부처가 동시에 추진한다는 것이다. 명칭은 다르지만, 목적과 대상이 유사하거나 동일하기까지 한 사례가 무수히 많다. 하지만 유사, 중복 그리고 비효율성, 비효과성을 점검하고 평가하는 노력은 전혀 없다. 한번 시작된 이들 사업은 부처별로 전년 대비 얼마나 증액할 것인가를 고민할 뿐, 예산 투입의 효과에 대한 검증에는 관심이 없다.

이러한 심각한 문제를 바로 잡기 위한 노력의 일환으로, 필자는 정책매트릭스(Policy matrix)라는 도구(방법론)를 개발해 적용했다. 정책매트릭스란 정책목표 달성을 위한 다양한 정책수단들이 실제 수혜대상에게 어떠한 분포로 존재하는지 매트릭스 형태로 표현해, 정책의 중복성과 사각지대를 한눈에 파악할 수 있는 새로운 정책평가 시스템이다.

정책매트릭스는 〈표 3〉과 같이 부처별로 특정 대상 혹은 목적의 사업에 투입된 예산을 기준으로 지원부문별 구체적 사업별 대상자 수, 예산지원금액 등을 파악함으로써 중복, 유사사업을 찾아내고 나아가, 대상자가 중복지원을 받거나 지원에서 누락되는 사례를 찾아낼 수 있게 만든 도구이다.

가령, 중소기업 지원이라는 큰 정책 목표 내에 다양한 정책수단(금융 지원정책, 기술혁신 지원정책, 동반성장 지원정책 등)이 존재하는데, 실제로 이러한 정책수단들의 혜택을 받는 수혜대상들이 어떠한 분포로 존재하는지 살펴보면 정책들이 어떤 기업들에 집중되어 있는지, 어떤 기업들이 지원정책의 사각지대에 있는지 파악할 수 있다. 예를 들어, 중소기업 지원정책이 기업별로 어떻게 이뤄지고 있는지를 보고자 한다면 다음과 같은 매트릭스 틀을 만들 수 있다.

〈표 3〉 정책매트릭스의 예

	창업기	성장기	정체기	재도약기
금융	①			
기술혁신				
동반성장				
수출/판로				
인력				
창업/벤처				
기타				

* 칸 ①은 금융 지원정책의 실제 수혜대상 중 창업기 기업이 몇 개가 되는지와 이들에게 배당되는 예산액은 얼마가 되는지가 입력됨.
* 그렇게 되면 금융 지원정책이 기업별로 어떤 기업들에게 집중(혹은 중복)되는지, 어떤 기업들이 혜택을 못 받는지 구분할 수 있음.

필자는 2011년 기획재정부의 중소기업지원사업 심층평가사업의 일환으로, 이를 활용했다. 당시 여러 관련 부처에 위와 같은 표 양식을 배포한 뒤 최근 5년간 관련 사항을 조사하여 기입한 후 제출할 것을 요구했었다. 하지만 거의 모든 부처가 관련 표를 만들지 못할 정도로 중소기업 지원에 대한 예산관리가 소홀했다. (〈표 4〉-〈표 5〉) 어느 대상에 어떻게 투입되었는지조차 파악하지 못하고 있었던 것이다. 이는 정책의 효과를 평가한다는 것이 원초적으로 불가능하다는 의미이다. 10여 년이 지난 현시점에서는 각 부처별로 관련 예산관리가 제대로 이루어지고 있다고 할 수 있다. 그래서 지금이야말로 정책매트릭스의 활용이 여러 부처 사업 평가의 기초가 될 필요가 절실히 제기된다. 정책매트릭스를 활용하는 것을 염두에 두고 투입예산정보를 파악하고 활용하는 방식으로 예산관리를 해야 할 것이다.

〈표 4〉 자료 제출한 부처들의 항목별 작성 현황

	지원 금액	업력	상시근로자 수	매출 규모	본사 소재지	해당 산업
중소기업청	양호	양호	양호	양호	양호	양호
고용노동부	미비	미비	양호	미비	양호	양호
국토해양부	양호	양호	양호	양호	양호	양호
농림부	양호	양호	미비	양호	양호	양호
문광부	미비	양호	양호	양호	양호	양호
식약청	양호	양호	양호	양호	양호	양호
지식경제부	미비	미비	양호	미비	양호	양호
특허청	양호	양호	양호	양호	양호	양호
환경부	미비	미비	미비	미비	양호	미비

〈표 5〉 정책매트릭스(수혜대상 측면): 중소기업청

	① 금융		② 기술혁신		③ 동반성장		④ 수출/판로	
	개수	비중	개수	비중	개수	비중	개수	비중
창업기	193,268	53.85%	1,561	0.43%	2,670	0.74%	71	0.02%
성장기	69,100	19.25%	1,397	0.39%	925	0.26%	25	0.01%
정체기	80,769	22.50%	1,807	0.50%	964	0.27%	22	0.01%
재도약기			531	0.15%	186	0.05%	9	0.00%
무응답	24	0.01%			161	0.04%		
총합계	343,161	95.61%	5,296	1.48%	4,906	1.37%	127	0.04%

	⑤ 인력		⑥ 창업/벤처		⑦ 기타		총합계(①~⑦)	
	개수	비중	개수	비중	개수	비중	개수	비중
창업기	168	0.05%	2,751	0.77%	313	0.09%	200,802	55.9%
성장기	198	0.06%	59	0.02%	340	0.09%	72,044	20.1%
정체기	284	0.08%	52	0.01%	670	0.19%	84,568	23.6%
재도약기	232	0.06%	6	0.00%	339	0.09%	1,303	0.4%
무응답					19	0.01%	204	0.1%
총합계	882	0.25%	2,868	0.80%	1,681	0.47%	358,921	100.0%

* 업력구분: 정책유형별-업력별지원기업수매트릭스(단위: 개수, %)

6. 공약가계부 활용

재정문제, 즉 나라살림의 문제는 적자와 부채로 집약된다. 세금을 통한 재정수입보다 재정지출이 많아지면 재정적자가 발생하고, 이 적자를 메우기 위해 발행하는 정부채권은 국가부채를 증대시킨다. 그런데 이러한 나라살림 문제는 언제나 선거를 치르고 나면 더욱 심각해진다. 포퓰리즘, 즉 인기영합으로 정치인들은 선거를 앞두고 늘 세금은 깎아주고 예산을 늘린다는 공약을 하기 때문이다.[6]

선거과정에서의 공약 남발로 인한 나라살림에의 악영향을 막는 것은 무엇보다 중요하다. 선거 때마다 시민단체가 이러한 공약 남발을 감시하는 것은 소용이 없었다. 필자는 2012년 19대 총선과 2013년 18대 대선에서 공약가계부라는 장치를 선보였다. 선거에 임하는 정당이 발표하는 모든 공약들의 재원을 계산해서 공개하고, 이에 대한 재원조달 방안과 계획도 함께 발표하도록 하는 것이 공약가계부인 것이었다. 박근혜 대통령 후보의 모든 공약사업의 재원을 철저히 계산하고, 이의 재원조달 방안을 마련하여 공약가계부로 국민 앞에 내놓았다.

당선 후 인수위 과정에서 그리고 정부출범 후 국가재정계획에도 공약가계부는 계속 관리되었다. 그러나 그때뿐이었다. 대통령 선거나 그 후 국회의원 선거에서 아무도 공약

---

6 안종범, "재정정책에 미치는 정치적 영향과 정책과제", 정책학회보, 제10권 제1호, 2001.5., Chong-Bum An and Seoghoon Kang, "Government Expenditure and Political Business Cycle" Korean Economic Review, Vol.16, No.2, 2000.12. 참조

가계부를 언급조차 하지 않았다. 이제는 다시 꺼내 사용해야 한다.

7. FGI의 활용

정책평가는 주로 정량적으로 이루어진다. 정책효과를 수치화함으로써 더욱 객관화할 수 있기 때문이다. 그러나 정책을 정성적으로 평가하는 질적평가가 필요할 경우도 많다. 정책대상자들이 그 정책을 통해 받은 영향에 대해 단순히 수치를 통해 단순화할 수 없는 경우가 있기 때문이다.

정량평가는 주로 설문조사나 통계자료를 통해 이루어진다. 반면, 정책평가는 다양한 방법으로 시도된다. 필자는 정책에 있어서의 정성평가로서 FGI(Focus Group Interview)가 필요하다고 주장했다. 정책대상을 여러 그룹으로 분리하여 그룹별 6~7명 정도를 심층 인터뷰를 함으로써 정책에 대한 평가를 보다 정확하게 할 수 있다. 따라서 정책평가에 있어서 FGI를 활용하는 것이 중요하다. 이 경우, FGI를 전문적으로 진행하는 사회자의 역할이 중요하다.

8. Counterfactual 개념과 DID 활용

정책결정에 있어서는 그 결정으로 인해 포기한 다른 정책대안이 존재하는지에 대한 확인이 꼭 필요하다. 한 가지 정책이 선택되면 다른 대안을 포기한 대가, 즉 기회비용이 존재한다. 따라서 한 정책의 효과를 단순히 그 정책시행 전후만 비교하고 판단해서는 곤란하다.

한 정책을 선택할 경우, 그 정책에 대비해 가장 중요시되었던 대안을 상정하고 그 대안의 예상되던 결과와 비교하자는 것이다. 예를 들어, 최저임금 인상의 효과를 검증할 경우에 있어서의 Counterfactual은 저임금 계층을 대상으로 하는 근로장려금 인상으로 설정할 수 있다. 단, 이 경우 동일한 예산지출 조건 아래에서 비교가 이루어져야 할 것이다.

이러한 Counterfauctual 개념을 본격적으로 활용하여 시도하는 평가가 바로 사회적 실험(Social experiment)이라 할 수 있다. 정책대상자(Treatment group)와 비대상자 혹은 통제대상자(Control group) 간의 행태변화를 비교하는 것이 핵심 평가대상이다. 이때 주로 사용되는 방법론이 DID(Difference

In Difference)이다. DID는 사회적 실험 이외에서도 각종 정책변화 효과를 Coutnerfactual의 변화를 제외한, 순수한 정책 효과를 추출하기 위한 계량경제학적 방법이다. 아울러 FGI(Focus Group Interview)를 활용하여 정량적으로 설명되지 않는 부분의 정책수요나 사각지대를 파악할 수도 있을 것이다.

9. 투입산출표의 활용과 지하경제 추정

한국은행이 만드는 산업연관표(Input-Output Table)의 활용도 필요하다. 한국은행은 국민소득통계와 함께 산업연관표를 생산하는데, 인적·경제적 투입을 상당 부분 할애하고 있다. 산업연관표에서 관찰되는 각 산업간 상호관계성은 여러 정책효과 추정의 기초가 될 수 있다.

필자가 2000년 이 산업연관표를 이용하여 탈세 규모 수정, 나아가 지하경제 규모를 추정하는 방법을 개발한 바도 있다.[7] 특히, 업종별, 연도별 탈세 규모의 비교가 가능하

---

[7] 안종범, "표준소득률과 산업연관표를 이용한 업종별·연도별 과표 양성화의 추정", 『공공경제』 제5권 제1호, 2000.5.

다는 점은 각종 탈세방지 정책의 효과를 평가하는 데도 도움이 된다. 산업연관표를 통해 업종별 부가가치를 구할 수 있고 이를 국세청에서 사용하는 업종별 표준소득률에서의 부가가치와 비교함으로써 탈세 규모, 지하경제 등을 추정할 수 있고 이를 기초로 하여 업종별 과표양성화 대책을 마련할 수도 있다.

VII.
정책평가제도의 개혁

1. 사전평가제도의 개선

앞서 여러 차례 사전평가의 중요성과 사전평가 방법론의 개발을 강조했다. 이제 우리가 가지고 있는 사전평가제도를 원점에서 재검토하여 개선하는 방안을 모색해야 하겠다.

우선 사전평가제도의 기본이념은 비용효과성(Cost-effectiveness) 개념을 명확히 세우는 것이다. 정책의 효과가 아무리 크다고 판단되더라도 예산투입 규모가 감당하기 힘들 정도로 크거나 다른 계층, 다른 시점, 혹은 다른 지역에 미치는 부정적인 영향이 크다면 시행하면 안 된다. 따라서 모든 정책은 예상되는 비용 대비 효과가 얼마나 큰지를 기준으로 사전에 평가되어야 하는 것이다.

비용효과성을 기초로 가장 시급히 바로 잡아야 하는 것은 예비타당성 조사와 본 타당성 조사이다. 예비타당성 조사는 500억 원 이상 소요되는 국가사업을 대상으로 한국개발연구원(KDI: Korea Development Institute)과 한국과학기술기획평가원(KISTEP: Korea Institute of Science and Technology Evaluation and Planning)이 중심이 되어 비용편익분석 전문가에 의뢰하여 타당성 조사를 하는 것이다.

예비타당성 조사가 시작된 지 이미 오랜 기간이 지났지만, 여전히 적용되는 방법론이나 기초가 되는 각종 투입변수(교통수요예측 등)는 발전이 없었다. 따라서 앞에서 논의된 방법론 개선 과제에 맞추어 예비타당성 조사, 나아가 본 타당성 조사를 개선하는 것이 급선무이다. 예비타당성 조사를 면제하는 기준이 지속적으로 완화되는 것도 중단해야 한다. 대신 500억 원이라는 예비타당성 조사 면제대상 금액 기준을 점차 상향 조정하는 것이 바람직할 것이다.

사전평가를 위해 새롭게 도입된 제도가 앞에서 언급한 바 있는 조세지출 예산의 사전평가이다. 필자가 국회의원일 때 발의하고 통과시킨 법안을 기초로 하는 이 제도는, 한국조세·재정연구원에 의뢰하여 조세지출 관련 법안에 대한 사전평가를 하는 것이다. 이제, 이를 활용한 본격적인 평가가 이루어져야 할 것이다.

규제법안 사전평가제도도 본격적으로 도입할 필요가 있다. 1998년 8월 「행정규제기본법」 제정을 계기로 규제영향분석제도가 도입되었으며, 2008년 중소기업규제영향평가, 2009년 경쟁영향평가, 2012년 기술영향평가를 운영하고 있기는 하다. 그러나 법적인 구속력이 없다는 점에서 법안에 포함된 규제 사안에 대해서 사전평가하는 법적인 구속력을 마련할 필요가 있다. 즉 규제에 미치는 영향을 사전에 파악하여 이를 근거로 법안을 심의할 수 있도록 근본적인 규제영향평가를 하는 제도를 마련할 필요가 있는 것이다.

사전평가제도로서 사회적 실험을 적용하는 제도적 장치를 마련하는 것도 필요하다. 특히, 대형 복지사업이나 고용지원사업의 경우, 대상자가 정책시행에 따른 행태변화가 다양하고 복잡하다는 점에서, 반드시 사회적 실험을 통해 사전적으로 행태변화를 예측하는 것이 필요하다.

2. 사후평가제도의 개선

사전평가의 기본이념이 비용효과성이라면, 사후평가의 기본이념은 목표효율성(Target efficiency)이라고 할 수 있다. 목표효율성은 정책 전과 후를 비교해 정책대상이 얼마나 정책의 목적에 부합하게 되었는가를 효율성 개념으로 파악하는 것을 의미한다.[1]

그동안 사전평가에 비해 사후평가가 더 소홀했고, 또한 평가방법도 제대로 개발되지 못했다. 바로 이 점에서 목표효율성의 개념이 중요하다. 정책대상을 명확히 한 뒤, 이 대상들이 어느 정도 정책에 따른 긍정적 영향을 받았는지 평가하는 것이 사후평가의 핵심이 되어야 하는 것이다.

따라서 사후평가를 위한 기본적인 방법으로서 필자가 제안한 정책매트릭스의 활용이 필요하다. 아울러 각종 지수의 개발과 활용도 정책의 사후평가에 대한 출발점으로 중요하다.

---

[1] 목표효율성 개념을 처음 도입한 것은 다음 문헌임. Davies, B.P. and Challis, D.J. (1986) Matching Resources to Needs in Community Care: An Evaluated Demonstration of a Long-Term Care Model. Gower, Aldershot.

사후평가를 본격적으로 수행하는 것은 심층평가제도라 할 수 있다. 기획재정부가 특정 정책사업을 지정해서 심층적으로 전문가 평가를 받도록 하는 것인데, 그동안 저출산 대책, 중소기업 농업 등 여러 부처가 중복적으로 수행하던 사업에 대해 평가한 바 있다. 이러한 심층평가를 통한 정책평가를 더욱 활성화하고, 나아가 심층평가 방법의 개발도 추진해야 할 것이다.

3. 부처평가제도의 개선

정부부처에 대한 평가는 앞에서 살펴본 바 있듯이, 중복의 문제와 함께 실효성 문제도 있다. 정책수요를 파악해서 정책을 가장 먼저 만들기 시작하는 주체가 각 부처라 할 수 있다. 이처럼 각 정부부처가 정책을 만들고, 시행하고, 이를 평가한 뒤 개선하는 과정에 관여한다는 점에서, 정책에 문제가 있어도 자체적으로는 평가가 제대로 이루어지지 않을 수 있다.

따라서 정부부처의 평가는 감사원의 평가, 국정감사, 그리고 국무총리실의 평가 등 다양하게 이루어진다. 그러나 이들 평가는 서로 중복되기도 하지만, 평가에 대한 명확한 기준이 없음에 따라 실효성도 떨어진다. 따라서 평가를 단일화하거나 역할을 적절히 분담할 필요가 있다. 국무총리실 내 국무조정실의 부처평가는 평가의 전문성이 떨어지면서 구속력도 없다는 점에서, 실효성을 높이면서 중복을 피해야 한다.

감사원 감사는 그동안 우리 공공부문의 투명성을 높이는 데 크게 기여한 것으로 평가된다. 그러나 회계감사나 직무감찰을 넘어 부처의 정책내용까지 평가하기에는 역량이 부족하다는 평가가 있으며, 일선 공무원들의 지나치게 보수적이고 위험회피적인 행태를 유발한다는 지적이 많다. 이에 따라 감사원의 역할과 기능을 재정립해야 한다는 요구가 제기된다.

국회의 국정감사 역시 그 순기능에도 불구하고 실효성에는 의문이 제기된다. 전문성이 부족하고 지나치게 단편적이며 단기적인 시각에 국한되어 있다는 지적도 받는다. 결국, 이것은 우리 국회의 역량이 부족하다는 반성으로 연결된다.

4. 기금평가와 공기업평가 개선

　나라살림과 나랏빚을 파악하는 데 그 범위가 어디까지 인지를 두고 논쟁이 이어져 온 점은 앞서 언급한 바 있다. 이는 기본적으로 각 정부부처가 예산 이외에 기금을 운용하고 있고 산하에 공기업을 두고 있어서, 단순히 일반회계 나아가 통합재정으로 이를 반영할 수 없기 때문이다. 따라서 나랏빚인 국가부채의 경우 D1, D2, D3로 구분하여 발표하게 되었다.

　이러한 나라살림과 나랏빚을 제대로 파악하기 위해서는 기금과 공기업에 대한 제대로 된 평가가 중요하다. 기금은 매년 운용평가와 함께 3년에 한 번씩 존치평가를 하고 있다. 그리고 공기업은 오랜 기간 전문가의 평가를 받아오고 있다. 그러나 이제 이 두 가지 평가는 새롭게 개선할 시기가 되었다.

　우선 기금의 경우, 운용평가와 존치평가 결과를 기금의 개선에 반영하는 데 지극히 미흡하다는 것이 문제이다. 그만큼 기금평가와 기금존치평가의 구속력이 없기 때문이다. 예를 들어, 신용보증기금과 기술보증기금의 중복기능 문제가 매년 평가에서 지적되어도 한 번도 이들 기금 간 통폐합은 물론, 기능조정이 제대로 이루어지지 않았다. 따라서 기금평가와 기금존치평가 결과를 국정감사로 연결짓거나 결과에 대한 강한 구속력을 갖도록 제도를 마련하는 것이 필요하다.

　공기업평가의 경우, 기금평가와 같이 존치평가가 필요하다. 공기업 간 중복 문제라거나 공기업 기능을 조정할 필요가 있는지에 대한 존치평가가 요구된다. 아울러, 현행 공기업평가가 서로 다른 성격의 공기업을 상대평가하는 것에 따른 불합리성을 해결하기 위해, 공기업평가 기준을 동일 기능을 갖고 있는 해외기업으로 비교대상을 선정하여 평가하는 것으로 전환해야 한다.

VIII.
정책평가기관의 개혁

1. 국회개혁

가. 예결위 상임위 전환

시행될 정책을 사전에 평가하고 시행된 정책을 사후에 평가하는 여러 제도나 장치가 있다. 하지만 이러한 정책의 사전적 그리고 사후적 평가의 핵심은 사실상 국회의 예산심의와 결산심사과정이다. 정부가 새로운 예산사업과 지속되는 예산사업에 대한 사전평가 작업한 것을 국회에 첨부해서 보내면 이를 국회 예산결산심의위원회(예결위)가 심의하는 과정이 사전평가의 최종 단계라고 할 수 있다.[1] 그리고 결산심사는 전년도 사업에 대해 사후평가 작업한 것을 정부가 국회에 보내서 심사하는 과정으로, 사후평가의 최

---

[1] 국회 예산결산특별위원회는 예산안과 결산 심의에 있어서 핵심적인 역할을 하는 위원회다. 국회가 갖고 있는, 헌법 제54조에 의한 예산안을 심의·확정하는 권한과 헌법 제99조와 국가재정법 제61조에 의한 결산안을 심의·확정하는 권한을 실질적으로 행사하는 위원회이다.

종 단계라 할 수 있다.

미국은 의회에서의 예산심사과정 자체를 개혁하기 위해 끊임없이 노력해왔다. 그 결과, 예산심사가 잠시라도 소홀해지지 않도록 이중, 삼중으로 장치를 마련해놓고 있다. 먼저 상원과 하원에 모두 예산위원회를 두어 예산 총량과 상임위별로 배정하는 예산 규모를 결정한다. 그러면 상임위는 사업인준위원회(Authorization committee)가 되어 이미 배정된 상임위 예산 한도 안에서 개별 사업에 대해 인준을 한다. 이렇게 상임위별로 인준한 예산은 다시 한번 상·하원별로 지출승인위원회(Appropriation committee)에서 최종 점검을 한 뒤 확정한다. 그런데 여기서 주목할 점은 예산심사와 관련된 위원회는 모두 상임위이고, 의원들이 절대 두 개 이상 상임위에 배정되지 못하도록 규정하고 있다는 것이다.

이런 미국과 비교해보면, 우리 예산은 얼마나 소홀히 다루어지고 있는지 여실히 드러난다. 예산결산위원회를 상임위가 아닌 특별위원회로 두고, 임기 1년 위원을 모든 지역구 의원들이 한 번씩 돌아가면서 맡도록 하고 있다. 결국, 우리 국회에서의 사전·사후평가는 그 기능이 매우 미약할 수밖에 없다. 매년 9월 정기국회가 열리면 먼저 예결위에서 전년도 사업의 결산심사를 하게 되는데 결산심사과정은 전문성과 관심도 모두 떨어진다. 결산심사 대신 당시 정치적 이슈에 대한 질의에 몰두하는 것이 반복되면서 결산심사 자체에 거의 신경을 쓰지 않고 끝낸다. 예산심의 또한 예결위 내에 소위를 구성해서 심의한다고 하지만 늘 정치적 공방만 이어지면서 진정한 심의는 하지 못한다. 대신 예결위원들은 자신의 지역구의 예산 챙기기에만 급급하다. 이러한 예결산 심의와 심사를 통한 예산사업, 나아가 정책에 대한 평가가 제대로 이루어지지 않고 있다는 것은 심각한 문제이다.

따라서 국회에서 예산과 결산의 기능을 강화하는 것이 급선무이다. 특히, 예산심의와 결산심사를 맡은 국회의 예결위가 제대로 된 역할을 하도록 해야 한다. 이를 위한 몇 가지 개혁과제를 살펴본다.

첫째, 예결위를 상임위화해서 예결산 심의의 전문성을 확보해야 한다. 예산안은 9월 국회에 제출할 때까지 장장 9개월에 걸쳐 정부의 수많은 전문 인력이 동원되어 편성되어 국회에 제출된다. 그런데 국회에서의 심의는 한 달도 안되는 짧은 기간에 50명의 예결위원이 처리해야 한다. 이들 예결위원들이 예결산 심의의 상당한 전문성이 없이는 힘들다. 다행히 2000년 5월 이후 제16대 국회부터는 예결위가 상설화돼 1년 내내 열릴 수 있도록 했기에 시간적 여유가 생겼다. 그러나 예결위는 여전히 특별위원회여서 소속 의원들은 평소에는 각자의 상임위 활동을 우선시하기 때문에 상설화의 취지를 살리지 못하고 있다. 전문성을 확보하기 위한 해결책은 예결위를 상임위로 전환하는 것이다. 이를 위해 예결위를 현재와 같이 특별위원회가 아닌 상임위화 해서 전문성을 갖는 의원이 특별위원회와 같이 중복이 아닌 단독 상임위에 소속되도록 해야 하는 것이다.

둘째, 예결위 상임위화와 동시에 예결위 위원을 다른 상임위와 겸임하지 못하도록 해야 한다. 지금처럼 1년 임기인 예결위원을 서로 돌아가면서 한다는 것이 많은 문제를 야기하기 때문이다. 예결위원이 돼서 자신의 지역구 예산에 더 신경을 쓸 수밖에 없는 국회의원들에게 나라살림 전체를 보고 심의하는 전문성을 기대하기란 애초에 힘들다. 따라서 예결위를 상임위화함과 동시에 비례대표 의원을 중심으로 예결위원을 구성하는 방안을 검토해볼 만하다. 그리고 이러한 제도적 장치가 마련되기까지는 예결위 활

동의 지침을 만들어 새로 선임되는 예결위원들에게 참고
하도록 할 필요도 있다.

나. 국회 연구 및 조사분석 기능 강화

미국은 각 부처, 민간 연구기관, 우리의 예산정책처에 해
당하는 의회예산처(CBO) 그리고 우리의 감사원에 해당하
는 미 연방회계감사원(GAO) 등에서 정책프로그램들에 대
한 상시 사전·사후평가체제를 갖추고 있다. 미국은 10년에
걸친 사전평가과정을 거친 뒤 1996년 복지개혁을 단행했
고, 2000년 이 복지개혁에 대한 사후평가의 최종보고서를
완성할 정도로 평가에 있어서는 철저하다. 아울러 이 복지
개혁에 대한 평가가 의회 차원에서 아직도 진행 중이다. 의
회예산처(Congressional Budget Office), 회계감사원(Government
Accountability Office) 같은 공적 연구기관뿐 아니라 매스매티
카(Mathematica), 앱트(Abt) 같은 수많은 민간 연구기관들도
공공정책과 예산사업의 효과를 연구한다. 이들 연구가 기
초가 되어 각종 예산사업의 과학적인 평가가 이뤄지는 것
이다.

우리의 경우도 예산정책처, 입법조사처 등 국회 내 연구
및 조사기관의 전문성과 기능을 강화해야 한다. 특히, 예산

과 정책의 사전·사후평가를 국회가 제대로 하도록 역할을 해야 한다. 이를 위해 상임위별 전문위원과 예결위 전문위원들을 이들 연구 및 조사기관과 통합해야 한다. 현재는 부처 예산에 대한 평가를 예산정책처, 각 상임위 전문위원, 그리고 예결위 전문위원이 각각 하고 있다는 것이 중복과 책임회피의 문제가 있다.

그래서 정책프로그램 하나하나에 대한 철저한 사후평가가 필요하다. 사회적 약자를 위한 제도이므로 평가를 논하기에 어렵다고 여겨지는 복지 예산, 중소기업 예산 그리고 농업 예산의 실효성까지 점검하는 사후평가가 필요하다는 것이다. 진정으로 빈곤층, 중소기업 그리고 농촌을 위한다면 철저히 실효성을 따져봐야 한다. 전체 예산 규모를 줄이기 위해서가 아니라 현재의 예산이 제대로 쓰이고 있는가를 살펴보자는 것이다.

다. 국정감사 개혁(상시 국감화)

국정감사는 국회에서 각종 정책에 대한 사후평가를 할 수 있는 중요한 계기가 된다. 그러나 지금까지의 국정감사는 각 부처와 공공기관의 정책에 대한 감사가 중심이 아니라 비리를 밝혀내는 데 초점이 맞추어져 있었다. 국회 상임위별로 국정감사를 하는 국회의원들은 국정감사 대상기관 (피감기관)이 어떤 비리가 있고 어떤 과오를 저질렀나에 집중해서 이를 언론에 보도하는 데 심혈을 기울인다. 결국, 정책평가 및 정책감사는 언론에 주목받지 못한다는 점에서 소홀해질 수밖에 없다.

이러한 국정감사의 문제는 피감기관의 업무에 막대한 지장을 초래하는 또 다른 문제로 이어진다. 국정감사를 위한 의원별 자료요구를 무차별적으로 그리고 중복적으로 함으로써 국정감사 기간 동안 피감기관은 의원실의 자료요구에 응하는 데에만 엄청난 업무시간을 쓰게 된다. 즉 부실하고 제 기능을 하지 못하고 있는 국정감사는 피감기관의 업무에 큰 짐을 지우는 역할을 하는 셈이다.

아울러 연중 어느 때나 국정감사를 할 수 있도록 되어 있지만 실제로는 연간 1회 10월경 제한된 기간 동안 속성으로 국정감사를 실시하게 됨으로써 국정감사의 기능은 원천적으로 저조할 수밖에 없다. 따라서 우선 연간 1회 국정감사가 아닌 국정감사를 연중 상임위 체제에서 할 수 있도록 국정감사 실질적 상시화가 필요하다. 아울러 국정감사 자료는 상임위별 나아가 전체 국회 차원에서 공유하고 나아가 DB화해야 한다. 국정감사 또한 피감기관의 비리를 드러내서 처벌하는 것이 목표가 되어서는 곤란하다. 피감기관이 정책을 얼마나 제대로 수행했는가를 평가하는 것을 주된 목표로 삼아야 한다. 이를 통해 국정감사가 제대로 된 정책의 사후평가 기능을 할 수 있을 것이다.

2. 정부개혁

가. 국책연구기관 부처 내로 이동

현재 대부분 정부부처가 자체 출연 연구기관을 갖고 있다. 그러나 대부분 해당 부처가 담당하는 정책에 대한 연구평가 기능이 지극히 미진하다고 할 수 있다. 정부정책의 연구, 개발, 보완, 평가에 제대로 된 역할을 하지 못하기 때문이다. 정부부처가 연구원에 대한 정책의존도가 지극히 낮을 뿐만 아니라 부처와 연구기관 간 정보교류도 저조하다. 결국, 이는 주요 정부정책에 대한 연구기관의 미흡한 사전·사후평가라는 결과를 초래한다. 나아가 정책에 대한 시의적절한 연구에 한계를 갖게 되는 것이다. 정부부처의 정책입안과 결정 그리고 평가과정에 관련 연구기관의 역할이 지극히 제한적이라는 점은 재원의 낭비뿐만 아니라 정책생태계에서의 심각한 문제를 야기한다.

이러한 국책연구기관의 문제는 '경제·인문사회연구회'라는 옥상옥의 존재로 더욱 심각해지고 있다. 여러 출연 연구기관을 관리하기 위해 만들어진 경제·인문사회연구회는 중복된 기능이 문제가 되고 있음에도 독자적 연구까지 수행하고 있는 실정이고 나아가 출연 연구기관에 대한 지나친 간섭도 문제가 되고 있다.

따라서 근본적인 개혁으로 연구기관을 부처 내로 소속을 이동하고 공무원 조직화해야 한다. 그래서 연구기관의 연구책임성을 높임과 동시에, 부처의 정책연구 전문성을 높여줄 수 있다. 미국 차관보실에 전문가 다수가 정책의 사전·사후평가를 수행하고 있다는 점을 본받아야 할 것이다. 아울러 출연 연구기관을 관리하는 국무총리실 산하 경제·인문사회연구회는 당연히 폐지하는 것이 옳다.

나. 대통령실 개혁

정부정책의 최종 결정은 대통령이 한다. 대통령 비서실은 대통령이 옳은 결정을 하기 위해서 도움을 주는 조직이다. 그러나 정책을 처음 시작하는 곳이 비서실이 돼서는 안

된다. 정책의 시작은 정부부처가 해야 한다. 대통령은 정책을 먼저 만들어낼 수도 있지만, 정책이 처음에 만들어지는 과정은 정부 각 부처에서 먼저 만들어져서 올라가 비서실을 통해서 대통령이 결정하도록 하는 게 바람직하기 때문이다.

그동안 부처 장관들은 대통령으로부터 지시를 먼저 받고 움직인다는 생각을 했기에 부처가 정책의 출발점이 되지 못했다. 부처의 기능과 책임성을 강화하려면 청와대 기능을 대폭 약화시켜야 한다. 이를 위해 각 부처의 카운트파트(Counterpart)로서 청와대 수석실에 있는 것을 과감히 통폐합하여야 한다. 청와대는 대통령의 국정철학과 국정운영을 부처에 전달하는 기능을 하기 위해서 존재하도록 함으로써 정책 관련 수석들을 없애고 그 기능을 부처로 돌려주어야 한다.

그리고 국무회의의 기능을 강화해서 현재처럼 그냥 한자리에 모여 거수기 역할을 하는 것에서 탈피하여 각 부처 장관이 함께 정책 회의에서 논의하도록 해야 한다.

다. 국무총리실 기능 조정

책임총리제를 추구한다는 슬로건보다 더욱 중요한 것은 현재 국무총리실의 부처평가 기능을 전면 재개편하는 것이다. 국무총리실의 부처평가 기능을 제대로 바꾸어 부처별 기능 개선 유도역할을 강화시키는 것이 급선무이다. 이를 기초로 국무총리실의 여러 부처 정책의 조정역할을 개선할 필요가 있다. 특히, 국무총리실 산하 위원회를 정비하고 규제개혁위원회의 기능을 개선하는 것이 중요하다.

라. 정부의 각종 위원회 기능 개선

정책 관련 위원회가 무수히 많은 현행 체제를 바꾸어야 한다. 전문가로 구성되었다고 하지만, 정부정책에 대한 비판이 반영될 수 없는 체제라고밖에 볼 수 없다. 예를 들면, 세제발전심의위원회 등에서 단 한 번도 정부의 세제개편안이 수정·보완된 적이 없을 정도이다. 따라서 위원회의 실질적인 역할을 담보하는 방법을 찾고, 그렇지 못한 위원회는 폐지해야 한다.

대통령 직속 위원회 중심 위원회의 기능 점검을 통해 통폐합이 필요하다. 민간 전문가 중심 위원회의 기능을 강화하여 행정부처와 상시 의견을 교환하는 것이 중요하다. 이로부터 위원회의 전문성 활용을 통해 실질적인 정부 보완 및 견제 역할을 강화해야 한다.

마. 감사원을 국회로

미국 의회에서 감사 기능을 담당하는 GAO처럼 우리도 감사원을 국회 소속으로 바꾸는 것이 바람직한가에 대해서는 오랫동안 논쟁이 있었다. 지금처럼 정치싸움만 하는 국회로 감사원이 가면 더 나빠질 수도 있을 것 같다는 비판에 직면해있기 때문에 감사원을 국회 산하에 두는 것에 대한 공감대는 형성되어 있지는 않다.

미국의 GAO처럼 되려면 일단 그만한 능력과 인성을 가진 사람을 감사원장으로 임명하고 정치싸움에 휘말리지 않도록 임기를 확실히 보장하는 등의 조치가 필요할 것이다. 그러나 현시점에서는 기존의 정책평가를 담당하는 기관의 기능을 재조정하고 제 역할을 하도록 하는 것이 급선무라 할 것이다. 이러한 감사원의 기능이 개선되었을 때 국회로 소속을 옮기는 것을 본격적으로 검토할 필요가 있다.

IX. 결론

올바른 정책평가를 위해 관련 기관과
전문가들의 관심이 필요하다

시장실패 상황마다 정부가 개입해서 정책을 적용하는 것은 바람직하지 않다. 정부가 정책을 통해 시장실패의 원인을 치유할 수 있다는 확신이 있을 때 비로소 정책을 고안하고 개발하고 적용해야 한다. 그리고 이 정부개입의 결과가 어떠하였는지 사후적으로 평가를 해보아야 한다. 다시 말해서 정책에서는 사전평가와 사후평가 모두 중요하다는 것이다.

필자는 이 책을 집필하면서 정책 선진국과는 달리, 우리 한국에서의 정책이 어떻게 실패했는지 그 원인을 중점적으로 살펴보았다. 그 결과, 평가체제 전반적인 문제가 있는 것으로 나타났다. 평가체제 전반에 문제가 있기에 이를 바로 잡는 방법은 개혁밖에 없다. 정부부처에서부터 시작해서, 한국은행, 국회, 연구기관, 감사원 등 평가에 있어서의 기능을 구조조정하고 평가개선 방안을 모색하는 개혁이 중요하다.

필자는 이러한 평가체제개혁 방안을 기초로, 그동안 선진국에서 발전되어 오고 있는 평가 인프라 구축 모델로 구체적인 방안을 제시했다. 데이터의 개발과 평가방법의 개발을 위해 우리나라의 데이터 생산기관들과 평가주체들의 근본적인 개선 방안을 모색했다. 아울러 평가체제개혁을 위한 구체적 방안으로 정부와 국회 등에 이르는 개혁의 구체적 방안을 제시했다. 차선의 이론(Second-Best Theory)에서 시사하는 바와 같이 정책평가의 개혁은 부분적인 개선(Piecemal approach)보다는 전반적인 개혁이 바람직하다.

평가는 정책의 성공과 국민과 국가에 바람직한 결과를 가져다주는 핵심수단이다. 이러한 평가를 위한 개혁과제를 제시하고, 구체적 방안을 모색한 본 연구에 관련 기관들과 전문가들의 관심이 절실히 요구된다. 정책결정권자들의 관심과 언론의 견제, 양식 있는 전문가 집단의 조언 등이 합쳐질 때 올바른 정책평가가 가능해질 것으로 기대해본다.

| 참고문헌 |

• 대런 애쓰모글루, 제임스 A. 로빈슨, 『국가는 왜 실패하는가』 최완규 역, 시 공사, 2012.9.27., Daron Acemoglu and James A. Robinson, *Why Nations Fail*, 2012.

• 안종범, 『수첩 속의 정책: 포퓰리즘과의 전쟁』, 2022.

• 안종범, 『국민이전계정을 이용한 재정정책의 세대간 형평성 효과 연구』, 한국 조세연구원, 2008.

• 안종범, "재정정책에 미치는 정치적 영향과 정책과제", 『한국정책학회보』, 제10 권 제1호, 209-235, 2001.5.

• 안종범, "비용편익분석에서의 분배가중치: 정치적 가중치 이용의 이론적 근 거", 『재정논집』, 제15권 제1호, 2000.11.

• 안종범, "산업연관표와 표준소득률을 이용한 산업별 과표양성화의 추정", 『공 공경제연구』, 제15권 제1호, 2000.5.

• Chong-Bum An and Seoghoon Kang, "Government Expenditure and Political Business Cycle", *Korean Economic Review*, Vol. 16, No. 2, 2000.12.

• Davies, B.P. and Challis, D.J. (1986) Matching Resources to Needs in Community Care: An Evaluated Demonstration of a Long-Term Care Model. Gower, Aldershot.

• Wolfe, B., R. Haveman, D. Ginther, and C. An, "The Window Problem in Studies of Children's Attainments: A Methodological Exploration", *Journal of American Statistical Association*, Vol. 91, No. 435, pp.970-982, 1996.10.

• Chong-Bum An, Robert Haveman and Barbara Wolfe, "Teen Out-of-Wedlock Birth and Welfare Receipt: The Role of Childhood Events and Economic Circumstances", *Review of Economics and Statistics*, Vol. 75, No. 2, pp.195-208, 1993.5.

- R. G. Lipsey and K. Lancaster, "The General Theory of Second Best," *Review of Economic Studies*, Vol. 24, No. 1, 1956.

- Lucas, R.E. (1976) "Econometric Policy Evaluation: A Critique", In: Brunner, K. and Meltzer, A.H., Eds., *The Phillips Curve and Labour Markets*, Chicago University Press, Chicago, 19-46.

- North, 「Institution, Institutional Change and Economic Performance」 1990, p5.

- Rust, J., "Optimal Replacement of GMC Bus Engines: An Empirical Model of Harold Zurcher" *Econometrica*, 55 - 5, 999-1033, 1987, p20.

- Rust, J., "A Dynamic Programming Model of Retirement Behavior" in David Wise (ed.) *The Economics of Aging*, Chicago, University of Cicago Press, 359-398, 1989.